edition suhrkamp 2689

W0181210

Jahrhunderte brauchen noch einmal rund eineinhalb Jahrzehnte, bis sie sterben. 1814/15, mit dem Wiener Kongress, starb das 18. Jahrhundert. 1914 starb das 19. Jahrhundert. 2014/15 muss endlich das 20. Jahrhundert sterben – die Epoche, die von der Raserei des Nationalismus und seinen fortwirkenden Konsequenzen geprägt war. Die Welt ist längst ein transnationales Gebilde geworden, es gibt nichts mehr von Belang, das innerhalb nationaler Grenzen geregelt oder an nationalen Grenzen gestoppt werden kann. Auch wenn Deutschland 1989 seine nationale Wiedergeburt feierte, bei der WM 2006 den fröhlichen Patriotismus wiederentdeckte und infolge der griechischen Staatsverschuldung ab 2010 aggressiv und stolz alte nationalistische Klischees restaurierte – die Nationen werden sterben. Wenn die Wirklichkeit nicht standhält, wird diese Idee die Massen ergreifen.

In einer Reihe von Vorträgen interpretiert Robert Menasse das Testament der sterbenden Epoche: Reden (wir) über Europa.

Robert Menasse, geboren 1954 in Wien, lebt als Romancier und Essayist in Wien. Für seinen 2017 erschienenen Roman *Die Hauptstadt* erhielt er den Deutschen Buchpreis. Im Suhrkamp Verlag liegen außerdem vor *Die Vertreibung aus der Hölle*. Roman (st 3493), *Die Zerstörung der Welt als Wille und Vorstellung. Frankfurter Poetikvorlesungen* (es 2464), *Ich kann jeder sagen. Erzählungen vom Ende der Nachkriegsordnung* und *Der Europäische Landbote. Die Wut der Bürger und der Friede Europas* (2012).
2017 erschien sein Roman *Die Hauptstadt*, für den er mit dem Deutschen Buchpreis 2017 ausgezeichnet wurde.

Robert Menasse

Heimat ist die schönste Utopie

Reden (wir) über Europa

Suhrkamp

Für meine Tochter Sophie
auf ihrem Weg in die Welt

5. Auflage 2018

Erste Auflage 2014
edition suhrkamp 2689
Originalausgabe
© Suhrkamp Verlag Berlin 2014
Alle Rechte vorbehalten, insbesondere das der Übersetzung,
des öffentlichen Vortrags sowie der Übertragung
durch Rundfunk und Fernsehen, auch einzelner Teile.
Kein Teil des Werkes darf in irgendeiner Form
(durch Fotografie, Mikrofilm oder andere Verfahren)
ohne schriftliche Genehmigung des Verlages reproduziert
oder unter Verwendung elektronischer Systeme
verarbeitet, vervielfältigt oder verbreitet werden.
Satz: Satz-Offizin Hümmer GmbH, Waldbüttelbrunn
Druck: Druckhaus Nomos, Sinzheim
Printed in Germany
ISBN 978-3-518-12689-9

Inhalt

Von der Schwierigkeit und der Notwendigkeit, aus der Geschichte eine Idee zu machen

Sehr geehrte Damen und Herren!

Unlängst hatte ich einen Albtraum.

Ich sah einen großen Saal, darin eine lange Tafel, an der etwa ein Dutzend Männer und eine Frau saßen. Es war der Saal eines Schlosses, aber er wirkte nicht prächtig und prunkvoll. Ich sah, dass es hier vor kurzem gebrannt haben musste: Eine seitliche Flügeltür hing verkohlt in den Angeln, die Wand daneben war rußgeschwärzt, in der Ecke lag Schutt. Die großen Spiegel an der Rückwand des Saals waren blind. Auf einem der Spiegel war mit Klebestreifen eine Landkarte von Europa befestigt, auf der wirre Linien eingezeichnet waren. An der Längsseite des Saals befanden sich gläserne Flügeltüren zum Schlosspark hin, aber dicke Eisblumen auf dem Glas verwehrten jeden Ausblick. Es gab kein elektrisches Licht, auf der Tafel standen drei Kandelaber, die Kerzen flackerten. Diese und die lodernden Flammen in einem offenen Kamin warfen tanzende Schatten in den halbdunklen Raum. Ich wusste im Traum sofort, dass dies der Festsaal des Château de Lunéville war – hier ist im Licht gleißender Lüster einer der zahllosen und nicht erst heute vergessenen Friedensverträge in der Geschichte Europas unterzeichnet worden. Warum wusste ich das? Ich verarbeitete im Traum Tagesreste. Ich hatte an diesem Tag eine Rede von Jacques Delors gelesen, die er im Jahr 1986 im Schloss Lunéville vor den Außenministern der EU-Mitgliedstaaten gehalten hatte. »Hier in diesem Saal«, hatte Delors damals gesagt, »ist im Jahr 1801 ein Friedensvertrag unterzeichnet worden, dessen Präambel lautet wie folgt:

Se. Majestät der Kaiser, König von Ungarn und Böhmen, und

der erste Consul der Republik Frankreich, im Namen des Fran-
zösischen Volkes, denen es beiden am Herzen liegt, den Uebeln
des Kriegs ein Ende zu machen, haben sich entschlossen, zu
der Abschließung eines Definitiv-Friedens- und Freundschafts-
Tractats zu schreiten.«

»Ich bitte Sie«, setzte Delors fort, »Ihre Aufmerksamkeit
auf den Begriff Definitiv-Frieden zu richten. Der Vertrag sollte ein Fundament für die weitere Befriedung des Kontinents
bilden, aber« – und nun zählte Delors die Kriege auf, die danach in rascher Folge ausbrachen, und die Friedensverträge,
die darauf folgten und die in ihren Präambeln alle mit den Ad-
jektiven »definitiv« oder »immerwährend« geschmückt waren, bis hin zu den Verträgen, die noch kurz vor Ausbruch
des Zweiten Weltkriegs unter dem Baldachin »Peace for our
time« unterzeichnet worden waren. »Definitiv«, sagte Delors
schließlich, »war nur: dass so gut wie jede Generation in Europa einen Krieg erleben musste!«

Aber ich wollte von meinem Traum erzählen. Ich sah also
diesen Saal, die Tafel, und am Kopfende sah ich ihn: Jacques
Delors, den ehemaligen Präsidenten der Europäischen Kommission, jetzt beinahe neunzig Jahre alt, seit fast zwanzig Jahren ohne politisches Amt, gebrechlich, geradezu geschrumpft
in einem Rollstuhl sitzend, sein Kopf aber wirkte riesig auf
dem eingefallenen Körper. Hinter ihm standen ein Mann
und eine Frau. Die Frau war Krankenschwester, der Mann
war Arzt, ich wusste, das waren Schwester Christine und Doktor Grün, sie betreuten den alten Mann und standen bereit,
falls er einen Schwächeanfall erleiden sollte. Nun erkannte
ich auch die Tischgesellschaft: Es waren Staats- und Regierungschefs der Europäischen Union. Jacques Delors war be-
sorgt über die Krise der EU und den Siegeszug der Nationalisten und Anti-EU-Populisten bei der Wahl zum Europäischen Parlament. Er hatte alles aufgeboten, was ihm als Mann

von historischer Bedeutung, geradezu als Legende, an Netzwerken und Autorität noch zur Verfügung stand, um die politischen Führer der EU-Mitgliedstaaten zu diesem informellen Treffen einzuladen, »zu einem Gedankenaustausch«, aber wohl eher, um sie ins Gebet zu nehmen. Nicht alle waren der Einladung gefolgt – »aber immerhin, Kerneuropa ist vertreten«, sagte der österreichische Kanzler. »Der Kern ist das, was man ausspuckt!«, sagte der Ministerpräsident von Ungarn. »Dann wächst ein neuer Baum draus«, sagte Delors.

Der Strom war ausgefallen. Man hörte kratzende und scharrende Geräusche. Ab und zu blitzte es. Das waren die Reporter, die das Eis an den Glastüren abschabten und dann versuchten, von draußen Fotos von der Gesellschaft in diesem Saal zu machen. »Wer hat die Presse informiert?«, fragte die deutsche Kanzlerin. »Die Presse ist nie informiert«, sagte der italienische Ministerpräsident, »man füttert sie, aber man informiert sie nicht!«

Aber ich weiß nicht, ob ich das jetzt nicht erfinde. Was ich auf jeden Fall wirklich geträumt habe, ist Folgendes: Delors redet. Er erläutert die Idee des Europäischen Projekts. Immer wieder sagt er »Rekonstruktion der Idee« und »Wiederaufbau des Projekts«. Der offene Kamin kann den Saal nicht ausreichend heizen. Die Staatschefs frieren. Immer wieder steht einer auf, wenn die Flammen im Kamin kleiner werden, und wirft seinen Stuhl ins Feuer. Als alle ihre Stühle verheizt haben und um den Tisch herum stehen, ausgenommen Delors, der in seinem Rollstuhl sitzt, wird das Essen aufgetragen: Es ist ein Eintopf. Zugleich wird die Tür des Saals aufgestoßen, Journalisten strömen herein, berichten von Truppenbewegungen in der Ukraine, verlangen Erklärungen von den Staatschefs. Delors sinkt zusammen. Schwester Christine kann nicht verhindern, dass er vom Rollstuhl rutscht. Er liegt auf dem Boden, und Doktor Grün beginnt mit Wiederbelebungsmaßnahmen.

Das Holz der Stühle knattert und knallt im Kamin, die Flammen lodern auf. Doktor Grün stellt den Tod von Delors fest. »Wir müssen ihn endlich begraben«, sagt die deutsche Kanzlerin. Warum sagte sie »endlich«? Aber der Boden draußen ist allzu hart gefroren, also reißt man den Parkettboden auf. Darunter befindet sich Lehm, das Fundament ist weich. Als Delors schließlich in einer Grube inmitten des Saals mit den blinden Spiegeln liegt, tritt der österreichische Kanzler heran, nimmt einen Löffel, taucht ihn in die Schüssel, die auf dem Tisch steht, kippt den Löffel in die Grube und sagt pathetisch: »Eintopf aus Österreich!«

Einer nach dem anderen tritt vor, nimmt den Löffel:

»Eintopf aus Deutschland!«

»Eintopf aus Kroatien!«

»Eintopf aus Italien!«

»Eintopf aus Spanien!«

»Eintopf aus Ungarn!«

und so weiter, bis schließlich jemand Doktor Grün den Löffel in Hand drückt.

»Ich?« Und mit einem Zögern, aber nicht lächerlich, eher anrührend, sagt der jüdische Doktor: »Eintopf – aus – Eintopf aus Europa!«

Da läuft Schwester Christine davon, der französische Präsident versucht, sich ihr in den Weg zu stellen: »Wo wollen Sie denn hin? Bleiben Sie doch!«

Und die Krankenschwester sagt: »Ihr habt Eure Völker und Nationen, aber mich werden jetzt draußen die Menschen brauchen!«

Ich wachte auf und – warum erzähle ich das? Ich wollte vom europäischen Traum berichten und beginne mit einem Albtraum!

Vielleicht hatte ich diesen Albtraum, weil der Traum davor schon einmal in der Realität gescheitert ist.

Ich bin nie ein Nostalgiker des Habsburgerreichs gewesen. Die Nostalgie war ein Fall für die Germanistik. Als ich studierte, musste natürlich Claudio Magris' Arbeit über den *Habsburgischen Mythos in der österreichischen Literatur*, die wenige Jahre davor auf Deutsch erschienen war, auf der Leseliste stehen, wenn es um Autoren wie Robert Musil, Joseph Roth oder Stefan Zweig ging. Das war ein Zugang zu dieser Literatur. Natürlich war ich von Joseph Roths Romankunst begeistert, aber ich war auch von Dostojewski begeistert, ohne dass ich deswegen dem Zarenreich nachgetrauert hätte, oder von Theodor Fontane, durch den ich die Welt der deutschen Junker zu verstehen lernte, ohne ihr eine Träne nachzuweinen. Das Habsburgerreich war eine untergegangene Welt, und ich konnte sie mit meiner Welt nicht anders in Beziehung setzen als im Sinne eines einfachen Fortschrittsdenkens: Meine Welt war ein Fortschritt zu dieser, die zu Recht auf dem Misthaufen der Geschichte gelandet war. Da mochten sich Würmer durchfressen und schmatzend einen Humus produzieren, auf dem höchstens noch Stilblüten wuchsen: Der Präsident der Republik, die nun meine Lebensrealität war, wurde »Ersatzkaiser« genannt, der Kanzler der Republik war der »Sonnenkönig«, die beiden großen Parteien der Republik hießen »linke und rechte Reichshälfte«, das war alles nicht ernst. Die imperialen Kulissen der ehemaligen Residenz-Stadt Wien waren wichtig für die zeitgenössische Tourismus-Wirtschaft. Ich lebte abseits der Touristenpfade. Die Filme mit Sisi und Kaiser Franzl waren Märchen, die nicht von Großmüttern, sondern für Großmütter erzählt wurden. Alte Monarchisten und praktizierende Habsburg-Nostalgiker waren im politischen und öffentlichen Leben nicht auffällig, ich sah keine und kannte keine. Der Kaiser war ein toter Hund. Und ich glaubte an eine Geschichtslogik, an einen dialektischen Fortschritt der Geschichte im Geist der Freiheit, und im Sinn dieser geschichtlichen Teleologie war das Habsburgerreich vernünftigerweise untergegangen. Der Fortschritt bestand – zumindest in Österreich – in einer Überwindung feudaler Privilegien, der Abschaffung der Adelsprädikate, der Durchflutung der Gesellschaft mit mehr Demokratie, der Überwindung des größten Elends des Proletariats. Das alles war noch lange nicht genug, aber immerhin doch ein Fortschritt. Und dann gab es einen Begriff, den ich im Zusammenhang mit der Habsburgermonarchie immer wieder hörte oder las, einen Begriff mit der Wucht eines definitiven Verdikts – und ich wundere mich heute, dass auch ich diesen Begriff völlig kritiklos mit dem Habsburgerreich assoziierte –: nämlich »Völkerkerker«. Ich kann mir das heute nur noch auf simpelste Weise, also nicht befriedigend, erklären: Natürlich war ich der Meinung, dass kein Mensch und kein Volk in einem Kerker leben sollte. Aber rechtfertigt diese abstrakte und allgemeine Empathie mit allen Entrechteten die reflexhafte Adoption dieses Begriffs? Ich hatte doch als Student gerade dies gelernt: alle Begriffe kritisch zu hinterfragen, die Methoden, mit denen »Wahrheit« produziert wird, in Hinblick auf ihr ideologisches Interesse zu überprüfen. Der Begriff »Völkerkerker« war ein Kampfbegriff der Nationalisten gewesen – und Nationalist war ich nie, konnte es schon auf Grund meiner Familiengeschichte, meiner Welt, in die ich hineingeboren und in der ich sozialisiert wurde, gar nicht sein. Bin ich wirklich der Meinung gewesen, dass die Völker der Donaumonarchie nach dem Untergang des Reichs aus einem Kerker entlassen und befreit worden waren, zumindest im Sinn meines damaligen historischen Fortschrittsbegriffs?

Das kann nicht sein.

Ich weiß es nicht, kann mich nicht erinnern. Offenbar hat mich die Realgeschichte Kakaniens so wenig interessiert, dass ich nicht einmal merkte, wie ich durch meine desinteressierte Gedankenlosigkeit in Widerspruch zu mir selbst geriet.

Die Vorgeschichte, deren Nachwirkungen wir wirklich und wirksam in unserer Lebensrealität spürten – und ich glaube nicht unzulässig zu verallgemeinern, wenn ich mich da als exemplarisch für viele Menschen meiner Generation der Nachgeborenen sehe –, war für uns nicht die österreichische Monarchie, sondern erst die Geschichte ihres Rests, also der Ersten Republik Österreich, die im Nazireich aufging, und der Zweite Weltkrieg, aus dem dann die Zweite Republik hervorging, derselbe Rest, der nun aber das Beste aus sich machen musste: Darauf bezogen sich Mythenbildung und Nostalgie, Legenden und Geschichten, im Guten, Gutgemeinten, und im Schlechten, bei Lehrern, Gelehrigen und Unbelehrbaren, bei den Mitläufern des eigenen Lebens (und das sind immer die meisten) im Lauf der Zeiten, die eben zur Zweiten österreichischen Republik geführt hatten, zur Teilung Europas und dem starren Kräftespiel der Weltmächte.

Jetzt erst, hundert Jahre nach Beginn des Ersten Weltkriegs, ist die Habsburgermonarchie allgegenwärtig, in Filmen, Dokumentationen und Ausstellungen wird die Geschichte ihres Untergangs und des Untergangs des alten Europas gezeigt. Und plötzlich steht uns die Habsburgermonarchie ganz anders vor Augen, als Gebilde, das mit seinen Vorzügen und mit den Gründen für sein Scheitern so vielfach und deutlich ins moderne Europa fortwirkt.

Es ist natürlich ein geschichtsphilosophisches Problem, dass wir, wenn wir in den Spiegel der Geschichte blicken, zunächst nur sehen, was ein Spiegel eben zeigt: nämlich nur den, der hineinblickt – wenn auch spiegelverkehrt und in einem alten Rahmen. Wir können erkennen, was wir wiedererkennen, mehr Lehre hat die Geschichte nicht zu bieten, aber das ändert nichts daran, dass sie wirkt.

Und so ist es zwar seltsam, aber doch logisch, dass ich die Geschichte des österreichischen Kaiserreichs anders sah, als ich nicht als Österreicher, sondern als Europäer in den Spiegel der Geschichte blickte, nachdem ich mich mit der Europäischen Union zu beschäftigen begonnen hatte.

Die Habsburgermonarchie erscheint nun als Vorläufer und geradezu als Modell der heutigen Europäischen Gemeinschaft. Denn es gibt eine Reihe von bemerkenswerten Ähnlichkeiten, und es ist kein Zufall, dass diese jetzt, im Gedenken an 1914, auch immer wieder beschrieben werden: Die Habsburgermonarchie war ein multiethnisches Gebilde, vielsprachig, zentral verwaltet von einem hochentwickelten Beamtenapparat in Zusammenspiel mit lokaler Autonomie, träge und oft blockiert durch seine inneren Spannungen, aber doch immer wieder zu großen, aufgeklärten Modernisierungsschritten fähig (so schaffte sie etwa die Leibeigenschaft zwanzig Jahre vor den USA ab). Sie hatte keine Nationsidee, auch nicht den Anspruch, sich zur Nation zu entwickeln, sie war bewusst ein transnationales Konstrukt, das als gemeinsamer Wirtschaftsraum mit gemeinsamer Währung prosperierte. Diese war übrigens stark und stabil trotz der großen Unterschiede in den ökonomischen Strukturen der Kronländer, weil es, anders als heute, eine gemeinsame Finanz- und Fiskalpolitik gab. Die Monarchie war religiös tolerant, Judentum und Islam waren staatlich anerkannte Religionsgemeinschaften und zumindest gesetzlich nicht diskriminiert. Sogar in der k. u. k. Armee gab es Heeres-Rabbiner und Imame und eigene Geberäume für Juden und Moslems.

Die Habsburgermonarchie war im Grunde ein Netzwerk, das kleinen Ländern und ihren Bewohnern bei all ihren kulturellen Unterschieden Schutz und Entwicklungsmöglichkeiten bot, indem sie für Sicherheit in einem verbindlichen Rechtszustand und für gemeinsame Rahmenbedingungen sorgte und

Ressourcen zur Verfügung stellte, die für alle wichtig waren: Straßen, Eisenbahnlinien, Parlamente, Gesetze und Polizei, Bildung, und eben den zentralen Beamtenapparat, um das alles zu verwalten. Alleine und jedes für sich hätten sich die kleinen Länder nicht behaupten können – wie sich später ja auch erwies. Und für die Juden, die einzige Ethnie ohne eigenes Territorium, war die Donaumonarchie der schönste Wartesaal bis zur Ankunft des Messias, so sie überhaupt noch daran glaubten.

Ich habe vorhin gesagt, dass ich nie ein Habsburg-Nostalgiker war. Ich hätte nie für möglich gehalten, dass ich in gewisser Weise doch einer werde. Nicht, dass ich plötzlich Monarchist geworden wäre, aber ich stelle mir vor, wie Europa heute aussehen würde, wenn diese »Welt von gestern«, an die die heutige Welt ja doch wieder anknüpft, nicht in Schutt und Asche gelegt, wenn die Entwicklung, die sich ja doch wieder durchsetzt, nicht durch den grauenhaftesten Krieg und die größten Menschheitsverbrechen in der Geschichte unterbrochen worden wäre.

»Der Nationalismus«, schrieb Heinrich Mann im Jahr 1914, »hat aus dem Begriff ›Ausland‹, der früher bloß Redensart war, heute eine Bedrohung gemacht. Was wir teilen, wird nun in Teile zerschlagen, und was uns verbindet, wird zur Fessel erklärt und abgestreift, damit wir die Hände frei haben, um übereinander herzufallen!«

»Der Nationalismus«, resümierte Stefan Zweig im Jahr 1942, »hat die europäische Kultur, hat Europa zerstört.«

Und genau das war eben die prägende Erfahrung der Gründerväter des europäischen Einigungsprozesses, der zur heutigen Europäischen Union geführt hat: Es war der Nationalismus, der Europa und die halbe Welt verwüstet hat. Es war der Nationalismus, der zu einem zweiten Dreißigjährigen Krieg (von 1914 bis 1945) geführt hat, der ein europäischer Bürgerkrieg war, so monströs, dass er weite Teile der Welt ins Verderben gerissen hat. Und das war ihre Einsicht: Der Nationalismus muss überwunden werden. Es hat zahllose Friedensverträge und Bündnisse zwischen Nationen, alle erdenklichen diplomatischen Anstrengungen zwischen Nationen gegeben – das alles hat nichts genützt und wird nichts nützen, solange Politik nationale Macht- und Interessenpolitik ist. Das war die Erfahrung. Die Gründer des Europäischen Projekts haben deshalb bewusst einen Prozess eingeleitet, der nach und nach zur Schwächung nationaler Souveränität, schließlich zur Überwindung der Nationalstaaten führen soll. Ein klares Bild von der Zukunft, davon, wie ein nachnationales Europa am Ende verfasst und politisch organisiert sein sollte, hatten sie nicht – ihr Anspruch an die Zukunft war, dass sich die Geschichte, die Europa zerstört hatte, nicht wiederholen möge. Die Zukunft war also zunächst nichts anderes als ein »Nie wieder!« in Hinblick auf die europäische Geschichte, soweit sie geprägt war von nationalen Aggressionen.

Dabei konnten sie noch gar nicht wissen, dass die weitere globale Entwicklung ihnen Recht geben und damit Europa weltweit zur Avantgarde machen würde. Denn mittlerweile ist die ganze Welt zu einem transnationalen Netz geworden, alle Grenzen werden gesprengt, es gibt nichts von ökonomischer, sozialer und politischer Relevanz, das an nationalen Grenzen aufgehalten, oder souverän innerhalb von nationalen Grenzen geregelt werden kann. Es gibt Nationen, die politisch noch nicht in einen nachnationalen Gemeinschaftsprozess eingetreten sind, und die ihren Einfluss auf diese Entwicklung und die Verteidigung nationaler Interessen innerhalb der globalen Entwicklung immer noch durch militärische Macht aufrechtzuerhalten versuchen. Selbst wenn es in diesen Nationen formal funktionierende nationale Demokratien gibt – demokratisch ist deren Politik nicht. Denn die

Verteidigung nationaler Interessen auf diese Weise verteidigt nur die Interessen nationaler Eliten, wodurch sich der größte Teil des Volksvermögens in den Händen eines immer kleineren Teils der Bevölkerung konzentriert. Es gibt halbautoritäre oder autoritäre Nationen, die von Kleptokraten regiert und ausgepresst werden, die diesen Prozess zu blockieren versuchen, indem sie ihre Nation abschotten, sogar Facebook und Twitter verbieten, um ihre Macht zu verteidigen. Es ist bedrückend für die Zivilgesellschaft, aber es ist letztlich lächerlich und aussichtslos. Es gibt Nationen, deren Führer ihre Gelüste und die Ideologie nationaler Großmannssucht zu befriedigen versuchen, indem sie andere bedrohen und erpressen, an Hegemonialkonzepten basteln und sogar wieder versuchen, Territorium zu annektieren. Es macht Unruhe, es führt zu Krisen, aber es ist aussichtslos, selbst wenn diese Politik Beifall innerhalb der Nation erhält. Man kann kleine, abhängige Länder erpressen, aber nicht die halbe Welt. Es gibt Nationen, die als geschlossene, archaische Gottesstaaten organisiert werden, aber sie sind chancenlos – der einzige Gottesstaat, der funktioniert, ist keine Nation, sondern ein multinationales Unternehmen: nämlich der Vatikan.

Es ist eine historische Tatsache: Nationalstaaten verlieren, wie immer sie es auch anstellen, ihre politischen Gestaltungsmöglichkeiten, sowohl in Hinblick auf globale Entwicklungen, als auch in Hinblick auf die Gewährleistung von innerem Frieden, Demokratie und sozialer Gerechtigkeit. Nationalstaaten sind historisch ein junges Phänomen, das sich schon wieder erschöpft hat und nur noch den Dümmsten ein herrisches Selbstwertgefühl gibt. Und was man den Nationen als Leistung zuschreibt, stimmt nicht generell, und ist, soweit es stimmt, historisch überholt: Sie haben, Provinzen und Kleinstaaten zu nationalem Territorium zusammenfassend, größere Binnenmärkte hergestellt, und sie haben innerhalb ihrer ab-

gesteckten Grenzen den Bürgern politische Partizipations-
rechte gegeben, also Demokratie eingeübt. Aber der Binnenmarkt ist über nationale Grenzen weit hinausgewachsen, die
Märkte sind grenzenlos, und demokratiepolitisch gibt es in
Hinblick auf unsere Lebensfragen erst recht keine abgesteck-
ten Grenzen mehr. Die Nationalstaaten werden sterben. Das
kann dereinst als die historische Rache der Habsburger interpretiert werden. Die nationale Demokratie wird sterben.
Denn in transnationale Prozesse kann nur eine transnationale
Demokratie gestaltend eingreifen.

In diesem Gefüge ist die Europäische Union heute tatsächlich Avantgarde, das einzige politische Gebilde weltweit, das
bewusst und programmatisch versucht, den unvermeidlichen
schrittweisen Verlust der Souveränität der Nationalstaaten
in institutionalisierter Gemeinschaftspolitik und wachsender
transnationaler Demokratie aufzuheben, und das bereits seit
mehr als sechzig Jahren. Dieser Prozess erscheint im Licht der
Geschichte doch so vernünftig, dass man seine Idee faszinierend erzählen und die notwendigen Schritte überzeugend
argumentieren könnte. Tatsächlich aber wird die Weiterentwicklung der Europäischen Union heute wieder durch wachsende Renationalisierung der Politiken der Mitgliedstaaten
und der Stimmung ihrer Bevölkerungen gebremst und zeit-
weise blockiert. Wie schon gegen Ende der Habsburgermonarchie wachsen nationale Spannungen. Rechtspopulistische
Politiker wie Marine Le Pen oder H. C. Strache bezeichnen
die EU gar als »Völkerkerker« – da ist er wieder, dieser Begriff,
und er ist natürlich so falsch wie schon seinerzeit. Und den
Parteien der bürgerlichen Mitte, den schrumpfenden Groß-
parteien, die die Staats- und Regierungschefs stellen und
die meisten Abgeordneten in das Europäische Parlament ent-
senden, also europapolitische Verantwortung tragen, fällt dazu nichts anderes ein, als diese Stimmung »mit mehr Sachlich-

keit« zu fördern: Sie, als Pragmatiker, könnten die »nationalen Interessen« in Brüssel besser verteidigen als die Extremisten.

Hier sieht man, wie schwierig es ist, und zugleich wie notwendig es wäre, aus historischen Erfahrungen eine nachhaltige Idee zu machen.

Die Habsburgermonarchie hatte eine Idee – in Robert Musils *Mann ohne Eigenschaften* kann man nachlesen, wie die Idee am Ende verloren ging. Droht der EU dasselbe Schicksal? Wird sie wider alle Schlüsse, die aus historischen Erfahrungen bereits gezogen wurden oder gezogen werden können, am Nationalismus zerbrechen? Es sind Staaten in die EU und damit in den nachnationalen Einigungsprozess eingetreten, die sich nach dem Zusammenbruch der Sowjetunion erst wieder als Nationen neu gründen mussten. Die Tschechoslowakei und Jugoslawien sind in Nationalstaaten zerfallen, erst diese haben den Antrag auf EU-Mitgliedschaft gestellt. Die Ukraine will in die EU, muss aber erst ihr nationales Territorium verteidigen. Großbritannien will aus nationalem Eigensinn raus aus der EU, während es als Nation selbst zu zerfallen droht. Deutschland, Mitbegründer des Europäischen Projekts und lange Zeit gemeinsam mit Frankreich Motor des Einigungsprozesses und der Entwicklung der supranationalen Institutionen, erlebte mitten in dieser nachnationalen Entwicklung durch die Wiedervereinigung seine nationale Wiedergeburt.

Dazu kommt der systemimmanente Konstruktionsfehler der Europäischen Union: Die Menschen, die in europapolitische Verantwortung kommen, können nur national gewählt oder national nominiert werden. Wenn sie wiedergewählt werden wollen, müssen sie also die Fiktion aufrechterhalten, dass es in der Union um die Verteidigung nationaler Interessen geht.

Das produziert natürlich Widersprüche und Krisensymptome. Und diese werden dem Ganzen angelastet und nicht den vielen Gegen-Teilen.

Und doch können selbst die glühendsten Nationalisten keinen Beweis dafür erbringen, dass die Rückholung der an Brüssel abgegebenen Souveränitätsrechte, die Rekonstruktion von voll souveränen Nationen, die Zerschlagung der EU, oder zumindest ihr Rückbau zu einer bloßen Wirtschaftsgemeinschaft, zu größerem Heil der Staatsvölker führen würde. Transnationale Wirtschaft braucht transnationale Wirtschaftspolitik, die Nationen können einzeln für sich die Globalisierungsprozesse nicht regulieren, können unmöglich, was ja demokratischer Anspruch wäre, gestaltend eingreifen. Vor allem die kleinen Nationen wären dem hilflos und schutzlos ausgeliefert, was übrigens auch die Erfahrung der Nachhabsburgerzeit war.

Und schon damit sind wir wieder bei der Notwendigkeit, die politische Union weiter auszubauen, statt sie zurückzustutzen. Der Nationalismus hat buchstäblich abgewirtschaftet, die Verteidigung der Nation als Idee und in Praxis hat vor der Geschichte jeden Vernunftgrund und Sinn verloren.

Jeden? Nein, eine Nation gibt es, die am Stand der Dinge verteidigt werden muss, eine einzige Nation, die ihren alternativlosen Daseinszweck aus derselben Geschichte ableitet, aus der nationalistischen Raserei des Zusammenbruchs der Welt von Gestern: Und das ist Israel.

Das Habsburgerreich war kein Paradies für Juden. Aber das Habsburgerreich und die Juden hatten einen gemeinsamen Feind: den Nationalismus. Als Religionsgemeinschaft anerkannt, waren Juden formal gleichgestellt mit der katholischen Kirche. Unter den Völkern des Vielvölkerreichs, die sich immer aggressiver als Nationen definierten, wurden die Juden als eigenes Volk, als eigene Ethnie angesehen, aber da sie kein Territorium hatten, in dem sie als Bevölkerungsmehrheit Vorrechte beanspruchen und den Anspruch auf einen Nationalstaat stellen konnten, wurden sie, die sich je nach ihrem Lebensort und ihrer Sprache als Deutsche, Tschechen, Ungarn, Polen oder Galizier fühlten und durch ihre Kaisertreue zugleich als Österreicher, als vaterlandlose Gesellen bezeichnet. Das war für sie, die eigentlichen Patrioten der transnationalen Monarchie, immer wieder bedrohlich und demütigend. Allerdings haben die grundrechtlichen Garantien des Reichs bis zum Schluss gehalten, wodurch sowohl orthodoxes jüdisches Leben als auch Assimilation und sozialer Aufstieg möglich waren. Um 1900 kam es zu einem Aufschwung in Wirtschaft, Kultur und Wissenschaften, der wesentlich durch assimilierte Juden befördert wurde. Das transnationale Österreich schien zu einer Heimat der Juden zu werden, der Antisemitismus war rhetorisch, die Lebenschancen und Möglichkeiten aber wirkten real. Deshalb waren die Juden am Ende auch die letzten, die größten Patrioten des österreichischen Vielvölkerreichs. Besonders eindrücklich und berührend hat dies Franz Theodor Csokor in seinem Stück »3. November 1918« verdichtet, in der Szene, in der es zum Begräbnis eines k. u. k. Offiziers kommt, der wegen des Zusammenbruchs des Reichs Selbstmord beging. Die Regimentskameraden treten an das offene Grab und werfen jeder nach und nach eine Schaufel Erde auf den Sarg, wobei jeder der Erde seine nationale Bestimmung mitgibt. »Erde aus Ungarn!«, »Erde aus Polen!«, »Tschechische Erde!« und so weiter. Nur der jüdische Regimentsarzt sagt am Ende: »Erde aus Österreich!«

Die weitere Geschichte von der Nationalität zur Bestialität ist bekannt. Und die Juden mussten die Erfahrung machen, dass in einer Welt der Nationen die Assimilierung keinen ausreichenden Schutz bot. Nur eine eigene, hochgerüstete und verteidigungsbereite Nation würde Schutz bieten können, und nach dem Holocaust war dies so einsichtig wie auch politisch durchsetzbar. So wurden die Juden, die Patrioten des transnationalen Österreichs, zu den Begründern einer Nation, die in der postnationalen Welt als einzige und als letzte eine begründbare Nationsidee und innere Notwendigkeit hat. Sie waren die ersten Europäer im zeitgenössischen Sinn des Begriffs. Aber ihre Verfolgung führte dazu, dass auch sie eine Nation bilden mussten – die das heutige, mittlerweile wieder nachnational sich entwickelnde Europa verteidigen muss –, sogar wenn die nationale Regierungspolitik Israels in Rassismus umschlägt.

Ich weiß nicht, ob es einen Weltgeist im Sinne Hegels gibt. Aber wenn, dann ist er ein Zyniker.

Inzwischen machen immer mehr Menschen in Europa gute Erfahrungen mit dem Postnationalismus – durch Reisefreiheit und Niederlassungsfreiheit, den Wegfall der Grenzen im Schengen-Raum, durch den gemeinsamen Markt. Immer mehr junge Menschen studieren an verschiedenen europäischen Universitäten, werden mehrsprachig, erleben die Vielfalt der europäischen Kulturen als Bereicherung, und nicht als Verlust von Identität. Im Grunde machen sie all das, was schon dereinst Johann Wolfgang Goethe den Deutschen empfohlen hatte. Goethe war sehr skeptisch in Hinblick auf die Idee einer Deutschen Nation – was ihn allerdings nicht davor schützte, zum Nationalheiligtum erklärt zu werden –, jedenfalls hielt er Menschen, die sich über nationale Identität definierten, für ein »beschränktes Kollektiv«, und so betonte er gegenüber Kanzler von Müller:

»Deutschland ist nichts, aber jeder einzelne Deutsche ist viel, und doch bilden sich letztere gerade das Umgekehrte ein. Verpflanzt und zerstreut wie die Juden in alle Welt müssen die Deutschen werden, um die Masse des Guten ganz und zum Heile aller Nationen zu entwickeln, das in ihnen liegt.«

Mobil, frei, weltoffen, ohne nationale Scheuklappen, und, so wie die ersten Europäer treu einem gemeinsamen Rechtszustand – *das* sind die neuen Europäer.

Wohin der Wind den Schleier trägt

Sehr geehrte Damen und Herren!

Unlängst war ich mit ausländischen Freunden – nein, ich muss mich unterbrechen, es ist mir peinlich, aber ich ertappe mich manchmal noch immer dabei, so zu denken und zu reden, als wäre ich irgendwo in der Geschichte stecken geblieben und noch nicht ganz in der Gegenwart angekommen: Es waren natürlich keine ausländischen Freunde, sondern Freunde aus Belgien, und das ist ja heute kein Ausland mehr! Und ich wage bei dieser Gelegenheit gleich eine Zukunftsprognose: Die nächste Generation wird gar nicht mehr auf die Idee kommen, europäische Freunde als »ausländische Freunde« zu bezeichnen!

Jedenfalls: Unlängst war ich also mit Freunden aus Flandern in Klosterneuburg. Er Politikwissenschaftler, sie Germanistin, beide Professoren an der Universität Löwen, wollten einen Wien-Besuch mit der Besichtigung des Stifts Klosterneuburg, eines der bedeutendsten Kulturdenkmäler Österreichs, verbinden. Beim Besucherempfang in der Sala terrena sah ich eine Gruppe von Schülern, die mit einem Lehrer auf Exkursion waren. Der Lehrer bemühte sich sichtlich, das Interesse der Schüler zu wecken, sie sozusagen von ihren Ablenkungen abzulenken. Ich stellte mich dazu, wollte hören, was der Lehrer erzählte. Ich liebe das: immer wieder Schüler, letztlich ein ewiger Student zu sein. Aber dies nur nebenbei.

»Wisst ihr«, fragte er, »warum Klosterneuburg Klosterneuburg heißt?« Ich halte mich jetzt nicht mit den Mutmaßungen der Schüler auf und mache es kurz. »Das kam so«, sagte der Lehrer. »Eines Tages erhielt der Babenberger Leopold III., Markgraf von Österreich, hohen Besuch. Ein Abgesandter des Königs von Böhmen machte seine Aufwartung, und er brachte als Gastgeschenk eine kostbare, reich verzierte Jagdlanze mit. Zu Ehren des hohen Gastes und voller Freude über das edle Geschenk ließ Leopold sofort eine Jagd ausrichten. Man ritt also durch die Wälder der Wiener Pforte, eine Hundertschaft von Treibern störte das Wild auf, scheuchte es aus der Deckung und trieb es den hohen Herren zu. Da brach ein riesiger wilder Eber aus dem Gehölz, ein Tier von einer Größe, Stärke und Wendigkeit, wie es selbst sehr erfahrene Jäger kaum je zu Gesicht bekommen. Der Graf machte ein Zeichen, dass er dem hohen Besuch selbstverständlich den Vortritt beim Abschuss gebe, der Gesandte gab höflich das Zeichen zurück, und so schleuderte Leopold die prächtige Lanze, das Gastgeschenk des Gesandten des Königs von Böhmen, mit aller Kraft nach dem Eber. Aber das Unfassbare geschah: Er verfehlte das Tier. Es entwich, und nicht genug damit: Die Lanze war danach wie vom Erdboden verschluckt. Die Diener, die herbeigeeilt und ausgeschwärmt waren, um dem Herrn die Lanze zurückzubringen, konnten sie nicht mehr finden. Ein Blick in die Augen des Gesandten genügte, und Leopold begriff: Diplomatische Verwicklungen drohten. Sofort ließ er die Jagd abbrechen und hieß den gesamten Hofstaat, alle Treiber, jeden verfügbaren Mann, die Lanze zu suchen. Stunden vergingen, die Dunkelheit brach herein, es war so rätselhaft wie aussichtslos. Leopold bequemte sich bereits an den Gedanken, die kostbare Lanze verloren geben zu müssen, auch wenn er immer noch betete und Gelöbnisse zum Himmel schickte. Und da, im allerletzten Moment vor Einbruch der Nacht, fand just der jüngste, der geringste aller Treiber die Lanze im Gehölz. Und er rief, weil er ein ungehobelter junger Bursche war, nicht: Hier ist die Lanze! Er, der Jüngste und Geringste unter allen, schrie in seinem mittelalterlichen niederösterreichischen Dialekt: Do is d'Lainz!

Leopold in seiner großen Erleichterung, und nachdem er dem Gesandten in die Augen geschaut hatte, sagte: Ich will, weil meine Gebete erhört wurden und mir dank dieses jungen Treibers diplomatische Verwicklungen erspart blieben, hier an dieser Stelle, an dem die wertvolle Lanze wiedergefunden wurde, einen Ort gründen, mitsamt einem Park, wo auch die Geringsten sich verlustieren können. Wie wollen wir ihn nennen? Erinnern wir uns: Wie hat der junge Mann gerufen? Hier is d'Lainz, hat er gerufen – also wollen wir diesen Ort Lainz nennen! Und sofort ließ er ein großes Festmahl mit all dem Wild, das bei dieser Jagd bereits erlegt worden war, ausrichten, zur Feier dieses Schwurs. Übrigens: Der Platz, wo besagtes Festmahl stattfand, heißt heute Speising.«

Ein Schüler, der gerade eine SMS in sein Handy getippt hatte, schaute auf und fragte: »Und was hat das mit Klosterneuburg zu tun?«

»Warte«, sagte der Lehrer, »das kommt jetzt. Einige Jahre später erhielt Leopold wieder hohen Besuch. Ein Gesandter des Kaisers von Byzanz. Und weil dieser über die Jagdleidenschaft des Herzogs wohl unterrichtet war, schickte er ihm über diesen Gesandten eine kostbare und wunderschön gearbeitete Jagdlanze als Geschenk. Sofort ließ Leopold eine Jagd zu Ehren des Gesandten ausrichten, man ritt durch die Wälder, die Treiber störten das Wild auf, plötzlich brach ein riesiger Eber mit glühenden Augen aus dem Gehölz und lief geradewegs auf den Herzog und seinen Gast, die nebeneinander herritten, zu. Ältere Höflinge schworen, dass es dasselbe Tier war, das den Herzog schon einmal so genarrt hatte. Der Herzog, in Erinnerung an die diplomatisch brisante Verwerfung, als der Gesandte des Königs von Böhmen zu Besuch war, schleuderte voll Wut die kostbare Lanze, die er als Geschenk des Kaisers von Byzanz erhalten hatte, auf dieses widerborstige Vieh – und das Unfassbare geschah erneut: Der routinierte Jäger verfehlte das Tier. Nicht genug damit: Die Lanze wurde nicht mehr gefunden, sie schien wie vom Erdboden verschluckt. Sofort ließ Leopold die Jagd abbrechen, er fürchtete diplomatische Verwicklungen – das Wegwerfen und Verlorengehen eines kostbaren Geschenks hätte zu dramatischen politischen Verstimmungen und gar zu Kriegen führen können. Also hieß er alle Treiber, die Lanze zu suchen. Und nach vielen Stunden, als es bereits aussichtslos schien, gelang es wiederum dem jüngsten, dem geringsten unter allen Treibern tatsächlich, die Lanze im Unterholz zu entdecken. Und da er ein ungehobelter junger Mensch war, der Hochsprache nicht mächtig, rief er in seinem niederösterreichischen Dialekt: Do is d'Lainz!

Sofort gab der Markgraf Anweisung, einen festlichen Jagdschmaus in Speising auszurichten, aber noch an der Fundstelle der verlorenen Lanze machte er einen Schwur: Hier, an dieser Stelle will ich ein Kloster stiften. Ein Stift von einer Größe und Pracht, einem Reichtum und einer Wirksamkeit, ein Zentrum des Wissens und der Kultur, wie es dieses Land bislang nicht kannte. Und wie soll es heißen? Nun, sagte er, erinnern wir uns, was hat der junge Mann gerufen, als er die Lanze entdeckte? Lainz hat er gerufen – aber Lainz haben wir schon, daher will ich diesen Ort Klosterneuburg nennen!«

Ich musste lachen. Bei historischen Legenden geht es ja nicht um Faktentreue oder Glaubwürdigkeit, sondern um didaktische Tauglichkeit. Es macht einen Unterschied, ob ich, wenn man mir etwas erzählt, dies dann nur weiß (und das Wissen ist immer ungenügend und zweifelhaft) oder ob ich etwas gelernt habe. Die Lanzen-Parabel ist gut erfunden, denn man kann aus ihr lernen, dass man den eigentümlichen, bedrohlichen Wiederholungszwang der Geschichte einfach brechen kann, wenn man will.

»Lainz haben wir schon!« – und daraus folgte etwas Neues,

eine der größten Kulturleistungen einer Epoche, bleibend und wirksam bis heute.

Ohne despektierlich gegenüber dem realen Lainz sein zu wollen – ich fände es nicht schlecht, wenn wir uns diesen leopoldinischen Satz »Lainz haben wir schon!« gleichsam als Merksatz immer wieder in Erinnerung rufen würden, um dann das »Andere«, das Größere, zu beschließen und in die Welt zu setzen. Man kann diesen Satz durchaus so interpretieren: Wenn die Geschichte sich wiederholt, dann sollten wir uns lieber nicht darauf verlassen, dass sie es als Farce tut. Wenn sie sich wiederholt oder zu wiederholen droht, dann muss man sich fragen, ob die Konsequenz ausreichend war, die man schon einmal gezogen hatte: zum Beispiel einen Park zu stiften, wo man zum Vergnügen des Volkes die Wildschweine glaubte domestizieren zu können. Und dann? – Dann war plötzlich doch wieder eine Wildsau da, die nicht »derritten« werden konnte, und narrte noch einmal den Landesherrn, mit möglichen unabsehbaren Konsequenzen für die Völker. Und weiter muss man sich auch fragen, wie in Zukunft verhindert werden kann, so geschichtsvergessen eine Situation wiederherzustellen, in der man einen verheerenden Fehler gedankenlos wiederholt. Dazu muss Wissen bewahrt und Bildung verbreitet und weitergegeben werden – also sagte Leopold, und das war weise: Lainz haben wir schon! Und er machte etwas radikal anderes: Er errichtete ein Zentrum für die gebildetsten und belesensten Menschen dieser Zeit. Hier sollte sich das Wissen, das dem Menschen möglich ist, versammeln und hinausstrahlen auf die Länder.

Es ist interessant, welch verblüffende Aktualität historische Legenden immer wieder zeigen. Das hat natürlich damit zu tun, dass Legenden nicht überprüfbare historische Fakten vermitteln, sondern Ausdruck einer typologischen oder strukturellen Wahrheit sind, die sich als soziale oder menschliche Wahrheit immer wieder aufs Neue bestätigen kann. Die Legenden vom heiligen Leopold, dem Landespatron von Niederösterreich, sind dafür ein besonders gutes Beispiel. Und damit meine ich jetzt nicht einmal die Geschichte vom Verzicht Leopolds auf den Kaiserthron: Als Leopold III. gefragt wurde, ob er nicht bereit wäre, sich zum Kaiser krönen zu lassen, und als er immer wieder als Kandidat für dieses Amt genannt wurde, stellte er klar, dass er nicht daran denke, weil er lieber in Niederösterreich bleibe. Diese Legende wäre eine viel zu vordergründige Anspielung auf den gegenwärtigen Landeshauptmann von Niederösterreich. Nein, ich meine zum Beispiel die »Schleier-Legende«, die berühmtere Variante der Legende von der Gründung des Stifts Klosterneuburg: Nach ihrer Hochzeit und den anstrengenden Festgelagen standen Leopold und die ihm eben angetraute kaiserliche Prinzessin Agnes von Waiblingen auf dem Balkon der Neuen Burg auf dem Leopoldsberg. Sie blickten über das damals noch wilde, von rohen, aber friedfertigen und fleißigen Menschen besiedelte, und dabei so harmonisch sich ausbreitende Land, dem Leopold, wie er gesagt haben soll, einen glücklichen Platz in der Gemeinschaft der Länder und Völker verschaffen wollte. Durch seine Vermählung mit Agnes, einer Prinzessin aus dem Haus Savoyen, Tochter des römischen Kaisers Heinrich IV., und Witwe von Friedrich von Hohenstaufen, Herzog von Schwaben, wodurch er jetzt formal auch noch Stiefvater des Herzogs von Ostfranken geworden war, war die Markgrafschaft Österreich nun bedeutsamer Teil einer politisch und wirtschaftlich verschränkten Union von Ländern. Ein fragiles Gebilde, aber, wie den Zeitgenossen durchaus klar war, doch Voraussetzung für eine anhaltende Zeit des Friedens und der Prosperität auf diesem Kontinent. Leopold, gleichermaßen gerührt von seinem persönlichen Glück wie auch von der historischen Bedeutung dieses Moments, vielleicht auch etwas übermütig, geradezu unkontrolliert durch den Genuss des frischen Weins von den Wachauer Terrassen, griff in den Hochzeitsschleier von Agnes und wollte ihn lüften, um sie zu küssen. »Nicht so stürmisch!«, rief Agnes, schob seine Hand weg, und dabei löste sich der Schleier aus ihrem Haar, Leopold ließ, erschrocken von Agnes' Reaktion, los – just da erfasste ein stürmischer Windstoß den Schleier und trug ihn fort. Leopold sah in die schreckgeweiteten, dann dunkel traurigen Augen von Agnes und wusste, er musste handeln. Er war ein wirklicher Politiker, er kannte die Bedeutung von Symbolen. Sofort gab er Anweisung, das Gebiet rund um die Burg nach dem Schleier abzusuchen. Ohne Erfolg. Wochen vergingen. Agnes war über den Verlust sehr traurig. Diesen Brautschleier hatte schon ihre Mutter, Bertha von Turin aus dem Haus Savoyen, getragen, er war für sie von großer sentimentaler, für Leopold aber dazu noch von enormer politisch-symbolischer Bedeutung, gleichsam als Pfand des Bündnisses wichtiger europäischer Regionen in einem ambitionierten Friedens- und Zivilisationsprojekt auf diesem Kontinent. Kein Wunder, dass sich alsbald Karrieristen und Glücksritter meldeten und sich erbötig machten, den verlorenen Schleier, der nun gar schon als Symbol des Landesglücks galt, wieder beizubringen. Sie kamen, beim Volk und bei den Trommlern der Krone immer wieder neue Aufregung auslösend, mit plumpen oder raffinierten Fälschungen, in der Hoffnung auf Einfluss und spekulierend auf lokale Macht – aber der wirkliche Schleier blieb unauffindbar. Da tat der Markgraf einen Schwur: Er gelobte, an der Stelle, wo der Schleier gefunden wird, ein Kloster errichten zu lassen. Sieben Jahre später, auf einer Jagd – und wir wissen schon: in Österreich entscheidet sich immer wieder einiges auf Jagden – gaben die Hunde aufgeregt Laut und umringten laut bellend einen Hollunderstrauch. Der Graf hütete sich, seine kostbare Jagdlanze aufs Geratewohl zu werfen.

Er sah zunächst nur einen Hollunderstrauch, stieg vom Pferd und ging zu der Stelle, die von den Jagdhunden verbellt und nun auch von Treibern aufgeregt umringt wurde. Da sah er zu seinem Erstaunen, dass sich im Geäst dieses Strauchs der vermisste und so lange schon vergeblich gesuchte Brautschleier von Agnes verfangen hatte. Und wunderlicherweise war er völlig unversehrt.

Leopold erfüllte seinen Schwur und ließ also an dieser Stelle das Stift Klosterneuburg erbauen. Der Name des Klosters geht laut dieser Legende auf den Ort zurück, an dem er den Schwur geleistet hatte: der Neuen Burg auf dem Leopoldsberg.

Es ist interessant, dass in den Leopold-Legenden immer wieder ein scheinbarer Verlust die zentrale Rolle spielt. Immer wieder geht zunächst etwas verloren, das für das Glück und Selbstverständnis des Landes von grundsätzlicher Bedeutung zu sein scheint. Es folgt eine Krise, sie zwingt zu einem großen Versprechen, und dann stellt sich heraus, dass das verloren Geglaubte unversehrt erhalten geblieben ist. Aber nun hat die Dynamik der Situation einen zivilisatorischen Fortschritt, eine kühne Innovation, eine objektive Bereicherung des sozialen Lebens gezeigt, und das Wiederentdeckte verbindet sich mit dem Neuen in noch größerer Wertschätzung, wird jetzt erst so richtig als sinnstiftend erkannt.

Es ist diese archetypische Gleichnis- und Beispielhaftigkeit, die eine immer wieder sich erweisende Aktualität solcher Legenden begründet.

Machen wir einen Sprung in die jüngere Geschichte. Das mag nun unvermittelt scheinen, aber Sie werden sehen, dass der sinnige Gleichnischarakter der niederösterreichischen Legenden auch heute noch sinnige Hinweise zum Verständnis der Gewordenheit, Verfasstheit und der Perspektiven unseres Lebensorts geben kann. Denken Sie zum Beispiel an den EU-

Beitritt Österreichs zurück! Ich glaube nicht, dass der großen Mehrheit der Österreicher, die 1994 im Referendum für den Beitritt zur EU gestimmt haben, klar war, was das wirklich mittel- und langfristig bedeutete. Sie – vielleicht kann ich sagen: wir alle (also ich auf jeden Fall!) – sahen die Zukunft wie durch einen Schleier, während wir, wie wir es als Österreicher gewohnt waren, wie von einem Balkon aus auf das weite Land des europäischen und des Weltgeschehens blickten. Es gab völlig neue Allianzen: Der schwarze Außenminister und die rote Staatssekretärin küssten sich, der schwarze Vizekanzler sang die Internationale! Das waren geradezu Vermählungen, die einerseits verblüffend waren, andererseits doch urösterreichisch, in ihrer Harmoniesucht und Partnerschaftseuphorie. Und doch: So schön und geschichtsbedeutsam der Schleier auch war, es war ein Schleier, durch den auf das Land geblickt wurde – und der frische Wind, der durch den EU-Beitritt durch Österreich geradezu stürmisch zu wehen begann, riss diesen Schleier fort. Wir alle wissen: Es kam dann eine Zeit, in der vor allem der Verlust betrauert wurde. Aber denken wir jetzt daran, welche Anstrengungen in der Folge unternommen wurden, unternommen werden mussten, und welche neue Chancen sich eröffnet haben – und denken wir jetzt noch einmal an die Schleier-Legende zurück: Das Stift ist kultur- und zivilisationsgeschichtlich ohne Zweifel bedeutsamer, als der Schleier es je hätte werden können, wäre er sorgsam verwahrt worden. Das heißt, der Gestaltungsanspruch, der sich aus dem Gefühl eines Verlusts ergeben hat, war für die Erschließung des Landes, die ökonomischen Möglichkeiten, die Bildungschancen und letztlich für die Bewahrung der Symbole eigener Identität und Kultur objektiv ein Glücksfall – und dafür steht in dieser Legende eben das Stift. Fehlt nur noch das Bewusstsein vom Glücksfall – und auch hier gibt die Legende Auskunft: »Nach sieben Jahren« (und die Sieben ist natürlich eine magische, eine hochsymbolische Zahl, nicht zuletzt auch die Spanne, die in Legenden den Übergang von einer Generation zur nächsten bezeichnet) also wurde der Schleier wiedergefunden, und: Er war unversehrt! Das wurde als Glück begriffen und machte das objektive Glück erst so recht bewusst – denn nun war klar: Es wird nicht zerstört, was die stürmische Entwicklung Europas uns entreißt, wir können in einem Europa der Regionen nicht nur unbeschädigt, sondern bedeutsamer als in einem Europa der Nationen wiederfinden, was wir zuvor durch diesen Schleier gesehen haben: Heimat, zu Hause sein, Lebensort und unsere Gewordenheit. Unsere Kultur und unsere Identität, unsere Traditionen, aber auch unsere Selbstkritik gegenüber der Geschichte: Haben wir manches nicht wider alle Vernunft und Erfahrung geistlos wiederholt? Und unsere Kreativität, die sich äußern muss in kühnen Schwüren, also im Anspruch, unsere Zukunft zu gestalten, das Neue in die Welt zu setzen, das unser Leben befördert, und das künftige Generationen bewundern und dann als ihre Tradition begreifen – das ist, hermeneutisch gesehen, die Lehre dieser Legende von der Stiftgründung.

Als wir 1995, sozusagen nach der Hochzeit, auf dem Balkon standen und über das Land schauten und Küsse tauschten, haben wir uns da gefragt: Welche Rolle wird unsere Nation künftig in dieser Union spielen? Wie viel Eigenes werden wir im Zug der Integration und Vereinigung Europas bewahren können? Das war der Schleier! Zu Recht verblasen! Heute blicken wir auf das Eigene, und siehe da: Es ist unversehrt. Nur die Chancen und Möglichkeiten sind größer geworden. Und wir erkennen die Unterschiede, zumindest dem Anspruch nach, aber immerhin, als gemeinsamen Reichtum.

Ich möchte an dieser Stelle und zum Abschluss ganz deutlich werden: Die besorgte Frage, welche Rolle unsere Nation in Zukunft noch wird spielen können, wie unsere Nation im europäischen Integrationsprozess bestehen wird, war eine verständliche, aber ziemlich altmodisch verschleierte Frage. Dieser Schleier wurde mit einiger historischer Vernunft weggeweht. Seither ist viel geschehen. Im Lissabon-Vertrag ist das Subsidiaritätsprinzip festgeschrieben, die Nationen werden nach und nach verschwinden, ein Europa der Regionen ist im Entstehen. Das ist vor allem nach den historischen Erfahrungen der ersten Hälfte des 20. Jahrhunderts auch vernünftig so. Es war der Nationalismus, der zu Konflikten und Kriegen geführt, der diesen Kontinent verwüstet hat. Seine Überwindung ist das große Projekt, das von der Gründergeneration der Union gestiftet wurde. Das ist die Richtung, in die der Wind den Schleier trägt. Wir befinden uns, da, wo wir leben und arbeiten, in einer nachnationalen Entwicklung – und wer in genau diesem historischen Moment fordert, die Regionen zu schwächen, und zum Beispiel unter den Titeln »Staats-« oder »Verwaltungsreform« und »staatliche Einsparungen« stärkeren nationalen Zentralismus durchsetzen will, der setzt auf der Jagd nach Zukunft auf ein lahmendes Pferd! Nicht die nationalen Parlamente, die im Zuge des europäischen Integrationsprozesses immer mehr Souveränitätsrechte abgeben müssen, werden in Zukunft über die Gestaltung dessen entscheiden, was wir Heimat nennen und nennen wollen, sondern die subsidiäre Demokratie, die politische Partizipation am Lebensort, unter vernünftigen gemeinsamen Rahmenbedingungen auf diesem Kontinent.

Ich bin Niederösterreicher und Europäer. Ich brauche dazwischen keine Nation. Und niemand wird mir klarmachen können, dass ich, um nur ein kleines Beispiel zu nennen, »die Kärntner« abstrakt allgemein lieben muss, nur weil sie auch Österreicher sind. Aber ich werde Kärnten hoch schätzen und seine ganz eigene Schönheit preisen, wenn »die Kärntner« nicht mehr nationale Österreicher oder sonst wie Nationale, sondern Kärntner Europäer geworden sind.

Wie gesagt, nur ein Beispiel!

Nach dem Besuch des Stifts Klosterneuburg ging ich mit meinen belgischen Freunden noch in einen Heurigen am Leopoldsberg. Wir aßen sehr gut und schaukelten glücklich auf den Wogen des Weins und diskutierten noch sehr lange, über dies und das und Europa, und am nächsten Tag flogen sie heim nach Belgien, in jenes Land, das es, wie Sie vielleicht wissen, seit über einem Jahr nicht geschafft hat, eine nationale Regierung zu bilden – ohne dass sie jemandem fehlte.

Was will uns das sagen?

Der Blick durch den Schleier unseres Heimatgefühls ist heute, nach Jahren der Verunsicherung, unversehrt – aber weiter und größer und bunter als zuvor. Leopold III. starb am 15. November 1136 übrigens nach einem Jagdunfall. Ein Hase, so die Legende, und das ist tragikomisch, aber wirklich auch lehrreich, ausgerechnet ein Hase sprang so plötzlich aus dem Unterholz, dass das Pferd des Markgrafen scheute, sich aufbäumte und den Reiter abwarf. Sterbend soll der große Babenberger noch gesagt haben: »Ein Angsthase hat mir das Genick gebrochen!«

Aber er wurde heiliggesprochen und ist heute als Landespatron mit all seinen Leistungen und Legenden ein starkes historisches Rückgrat unserer Region.

Ich wünsche uns allen viel Glück und eine starke Hand bei scheuenden Pferden!

Anerkennung und Haltung

Sehr geehrte Damen und Herren!

Unlängst, es war vielleicht just zu der Zeit, als die Jury des Heinrich-Mann-Preises zusammentrat, auf jeden Fall war es in diesen Tagen, in denen ich von Selbstzweifel und dem Gefühl der Sinnlosigkeit all meiner Anstrengungen so angekränkelt war, dass ich nur noch im Bett blieb und, wenn ich auch den Blick zur Zimmerdecke nicht mehr ertrug, irgendetwas las, was möglichst nichts mit meiner Arbeit zu tun hat – nein, das stimmt nicht ganz: Ich *wäre* ganze Tage im Bett geblieben, wenn ich zu Hause die Erlaubnis hätte, im Bett zu rauchen, so aber streunte ich herum, versuchte nach außen hin den Anschein von Normalität aufrechtzuerhalten, stellte lange Aufenthalte im Kaffeehaus als Teil meiner Arbeit aus, was über alle Stimmungsschwankungen hinweg wahrscheinlich die einzige Konstante in meinem Schriftstellerleben ist, und – das stimmt – ich las alles, was mir zufällig in die Hände fiel … Nun ist es mit Zufällen so eine Sache, irgendwie haben sie doch einen inneren Zusammenhang, und wenn nicht, dann produzieren sie eben retrospektiv eine innere Logik. Man muss nicht Hegels Überlegungen zu Zufall und Notwendigkeit in der Wissenschaft der Logik gelesen haben, um das zu verstehen, aber es hilft. Jedenfalls hatte ich wegen eines Projekts, an dem ich arbeitete, oder arbeiten wollte, eine Menge Erinnerungsliteratur über die Dreißiger- und Vierzigerjahre gelesen, dann die Erinnerungen von Überlebenden von Auschwitz. Ich konnte nicht mehr weiter, aber es ist vielleicht doch nachvollziehbar, dass mir im weiteren Kontext dieses Interesses die Marta-Feuchtwanger-Biographie von Manfred Flügge in die Hände fiel – ein Freund, mit dem ich mich austausche,

hat sie mir gegeben. Unlängst also, vielleicht wirklich just zu
der Zeit, als die Juroren des Heinrich-Mann-Preises zusam-
mentrafen und irgendwie auf meinen Namen kamen, hatte
ich also dieses Buch gelesen, von dem mir eine sehr kurze
Stelle eigentümlicherweise in besonders deutlicher Erinnerung blieb. Ohne Manfred Flügges Buch in irgendeiner Weise
schmälern zu wollen, es ist doch seltsam, dass sich mir, vielleicht alleine durch meinen Zustand beim Lesen erklärbar,
nur ein Absatz so einprägte, dass er mir augenblicklich einfällt,
wenn ich an dieses Buch denke, der mir auch sofort einfiel, als
ich die Nachricht bekam, dass mir der Heinrich-Mann-Preis
zugesprochen wurde, und der mir seither sofort vor Augen
steht, wenn ich an Heinrich Mann denke. Es ist die Stelle,
wo Flügge davon berichtet, welches Erinnerungsbild Marta
Feuchtwanger von Heinrich Mann hatte. Ich habe jetzt, da
ich dies schreibe, das Buch nicht zur Hand, ich erzähle die
Stelle aus der Erinnerung nach.

Im Jahr 1933 ging Heinrich Mann, wie die Feuchtwangers,
zunächst ins französische Exil. Er mietete eine kleine Wohnung in Bandol, unweit der Villa, die die Feuchtwangers bezogen hatten. Diese Villa war von Heinrich Manns Wohnhaus
vielleicht sogar zu sehen, jedenfalls sehr nahe gelegen. Von
Zeit zu Zeit spazierte Heinrich Mann hinüber, um die Feuchtwangers zu besuchen. Nach einem dieser Besuche, gerade als
Heinrich Mann wieder nach Hause aufbrechen wollte, begann es zu regnen, der Regen wurde immer heftiger, wurde
zum Unwetter, aber Heinrich Mann wollte zurück an seinen
Schreibtisch, also beschloss Marta, ihn die kurze Strecke mit
dem Wagen nach Hause zu bringen. Sie setzte ihn vor seinem
Haus ab, aber er, statt schnell ins Haus zu laufen, blieb im Regen stehen, den Hut nach dem Abschiedsgruß höflich in der
Hand, und wartete galant, bis sie gewendet hatte, und sah ihr
nach, als wollte er sichergehen, dass nun sie in diesem Unwet-

ter heil nach Hause kam. Solange Marta Feuchtwanger Heinrich Mann im Rückspiegel sah, so lange stand er da, mit dem Hut in der Hand im Regen. Marta hat diese Episode immer wieder erzählt, für sie sei dieses Erinnerungsbild zum definitiven Gedenkbild von Heinrich Mann geworden: wie er so ritterlich dasteht, nur äußerlich ein Ritter der traurigen Gestalt, in nobler Haltung auch noch in widerwärtigen Umständen.

Ein älterer Herr, oder – wenn ich sagen darf – ein Mann mittleren Alters, der im Regen steht … Ich will jetzt, wo ich vor Ihnen stehe und dieses Bild für Sie zeichne, nicht den Eindruck von groteskem Identifikationswahnsinn erwecken. Ich hoffe vielmehr, Ihnen verständlich zu machen, warum diese Anerkennung, die ich heute im Namen von Heinrich Mann und im Gedenken an ihn erhalte, eine so große, ja sinnige Bedeutung für mich hat, und warum ich also ganz besonders dankbar bin.

Im Grunde geht es ja immer um Anerkennung. Man muss nicht Hegels Kapitel über Herr und Knecht in der *Phänomenologie* gelesen haben, um die Bedeutung der Anerkennung zu verstehen, aber es hilft. Die heutige Anerkennung nun erhalte ich glücklicherweise in einem Moment, in dem sich die Bedeutung der Anerkennung für mich gewandelt hat, auf eine Weise, die ich auch in diesem Bild von Heinrich Mann verdichtet sehe.

Warum mich das beruhigt, aber warum es Sie nicht beruhigen sollte, möchte ich nun, gleichsam als Dankabstattung für diesen Preis, erklären.

Als ich sehr jung war, gierte ich nach Anerkennung. Ich werde jetzt nicht so weit ausholen und von meinen frühkindlichen Prägungen erzählen, die naturgemäß geeignet sind, dies zu erklären. Jedenfalls, ich war jung und begann an einem Werk zu arbeiten. Ich dachte nicht an »ein Buch«, ich dachte gleich »Werk«. Das war in Anspruch und Größe so beeindruckend, dass ich natürlich sofort, schon *in statu nascendi* des Werks, Anerkennung dafür erwartete. Natürlich musste ich die Erfahrung machen, dass Anerkennung immer nur andere bekamen. Nicht nur dies: Sie schien mir auch und vor allem Ausdruck der Ignoranz und Phantasielosigkeit jener, die die Anerkennungsmacht besaßen. Wenn ich in der Zeitung von Preisen und Orden las, dann konnte ich mich des Eindrucks nicht erwehren, dass das System der Anerkennung darin bestand, einigen bereits hochdekorierten Autoren noch weitere Dekorationen umzuhängen, Autoren, deren Arbeit meiner Meinung nach nur noch im bloßen Verwalten ihres Ruhms bestand, und deren Originalität sich in der Spitzfindigkeit erwies, mit der sie sich nun selbst unermüdlich zitierten. Diejenigen, die über Preise und Anerkennung entschieden, sah ich als müde, verbitterte, und doch eitle Menschen, die irgendwann die Literatur geliebt hatten, ihr deshalb ihr Leben widmen wollten, aber nun, da sie es nach mühsamen Kämpfen in die Literaturredaktionen, Literaturjurys und Literaturbeiräte, also in alle wichtigen Instanzen geschafft hatten, erschöpft in sich zurücksanken und all das zu hassen begannen, was ihnen nun aus ökonomischem Zwang täglich abverlangt wurde: so und so viele Seiten zu lesen, so und so viele Zeilen täglich zu schreiben. Und nie konnten sie sich auf ihren Lorbeeren ausruhen, denn sie mussten den Lorbeer überreichen.

So bereitete ich mich also bald schon darauf vor, das Werk, an dem ich arbeitete, nicht durch Anerkennung, sondern durch Missachtung bestätigt zu sehen. Mit anderen Worten: Ich begann meine Schriftstellerkarriere auf sehr konventionelle Weise.

Sich durch Missachtung bestätigt zu fühlen, ist natürlich ein Trick, aber die Tricks, mit denen man sich bei Laune oder seine neurotische Energie auf Betriebstemperatur hält, sind unerheblich, solange man mit seiner Arbeit vorankommt. Und ich weiß heute: Ich werde nie wieder so unschuldig, so anarchistisch, so frei und unbehelligt, so genialisch, im besten und verheerendsten Wortsinn skrupellos arbeiten können wie damals. Heute habe ich Sehnsucht nach dieser Zeit, die alleine schon deshalb völlig vergeistigt war, weil ich meinen Körper nicht spürte, weshalb alles gleich eine übersteigerte, nämlich ausschließlich metaphorische Bedeutung hatte: Das Ziehen war eines der Sehnsucht und nicht des Rückens, der Druck der einer der Seele und nicht gleich der Blutdruck, stechend waren meine Gedanken und nicht die Gelenke, keuchend der Ehrgeiz und nicht die Lunge, brennend die Phantasie und nicht der Magen. Ich schrieb und schrieb, und hätte ein Gott, dem auf Augenhöhe zu begegnen mir deshalb schwer gefallen wäre, weil er so wenig Evidenz zeigte, mich gefragt: Willst du hundert Jahre Leben oder tausend Jahre Nachleben?, ich hätte ohne zu zögern geantwortet:

Beides!

Heute bekomme ich Anerkennung – aber die Arbeit an meinem Werk stockt. Ich habe immer mehr Skrupel – und Skrupel sind »nur objektiv« gut, subjektiv sind sie lähmend. Zur Dialektik von Subjektivem und Objektivem findet man natürlich in der Philosophie Trost, aber ich bin zu müde, das alles noch einmal zu lesen. Dazu kommt, dass Keuchen, Stechen und Brennen keine Metaphern mehr sind, mit denen man hoch fliegt, sondern wirklich körperliche Symptome, mit denen man zu kriechen beginnt. Ich habe im literarischen Leben genug gesehen, um nichts in diesem Betrieb mehr ganz ernst zu nehmen und zugleich auch niemanden mehr verachten zu können. Das statistische Mittel davon ist eine grundsätzliche bescheidene Anerkennung aller, die sich heute noch dies antun: im Universum Gutenbergs ihr geistiges, seelisches und ökonomisches Auskommen zu finden. Differenz sehe ich nicht mehr im Grad der Anerkennung im Betrieb, sondern in der Haltung des freien Geists zu den sozialen Prozessen, die uns in unserer Zeitgenossenschaft bewegen. Schreibe ich so, wie die Biene ihre Waben baut, oder will ich verstehen und erzählen, wie der Imker den Bienen Zuckerwasser gibt für ihren Honig? Das ist wahrscheinlich die alles entscheidende Frage: Will ich abbilden oder erzählen? Will ich ein Symptom oder der Herr meiner Lebenszeit sein, und, was die Literatur angeht: Will ich ausdrücken oder gestalten?

So verwandelte sich im Laufe meiner Schreibjahre die Gier nach Anerkennung nach und nach in den Wunsch nach Wirksamkeit, das heißt, ich begab mich vom Feld des Glanzes in das Feld der Blendung. Zwar hat meine Arbeit, und das sage ich wirklich ohne Selbstüberschätzung, dazu geführt, dass immer wieder Ansprüche und Erwartungen an mich gestellt werden, und die dann Reaktionen zeitigen, Zustimmung oder Ablehnung, oder gar Ressentiment, gerade so heftig, dass man damit leben kann, aber doch manchmal im Bett schlaflos liegt und sich fragt: Was habe ich denn getan? Ich habe doch nur laut gedacht! – Aber ich leite davon keine besondere Bedeutung ab. Denn mir ist bewusst, dass die Welt, die etwas von mir erwartet, winzig ist, gemessen an der Welt, die mich beschäftigt. Und was mich irritiert und all das, was man Selbstgefühl von Wirksamkeit nennen könnte, schmälert, ist die Langeweile. Sie ist eines Tages dagewesen und hat das Gefühl, einigermaßen anerkannt zu sein, vergiftet. Wie es mich langweilt, ab dem Moment, da man als kritischer Geist einigermaßen anerkannt ist, nur noch Überzeugte zu überzeugen und gleichzeitig die Abonnenten der echauffierten Reaktion zu echauffieren. Und wie es mich langweilt, sich nur deshalb wiederholen zu müssen, weil die Kritik der Verhältnisse die Verhältnisse nicht verbessert, und weil die Entwicklung der Verhältnisse die Kritik nie ausräumt. Man könnte natürlich auch sagen: Man bleibt eben konsequent – aber schließlich muss man sich doch eingestehen, dass in dieser Art von Haltung und Wirkung die Verblendung deutlich wird: Diese Wirkung ist nur ein immer wieder neues Zeichen der Wirkungslosigkeit.

Damit komme ich ans Ende meiner kleinen Biographie der Gier nach Anerkennung. Der entscheidende Antrieb für das, was ich tue, oder was Menschen wie ich tun, ist letzlich nicht die Erwartung von Anerkennung, sondern die demonstrative Nicht-Anerkennung. Im Grunde habe ich so begonnen, ich musste es mir nur wieder klarmachen: Kunstanspruch ebenso wie vernünftige Kritik erweisen sich zunächst in der Nicht-Anerkennung. In der Nicht-Anerkennung der Welt, wie sie ist, in der Nicht-Anerkennung der Gewohnheiten und Sehweisen, die wir haben, und in der Nicht-Anerkennung der Menschen, wie sie sind. Alles andere ist Lüge und Eitelkeit, ist Anschmiss an eine zweifelhafte Realität. Wir alle, ich und Sie und erst recht all die, die das gar nicht interessiert, sind bloß schlechte Entwürfe, ungelenke Skizzen dessen, was wir sein könnten, was wir sein müssten, um in umfassender Anerkennung unser aller Existenz in Würde zu leben. Aber ich bin einer, der diese Skizzen betrachtet und sagt: schlecht! Sehr schlecht!

Ist es nicht vermessen, dafür Beifall zu erwarten? Oder, anders gefragt: Muss es sich, wenn Beifall zu rauschen beginnt, dann nicht um ein Missverständnis handeln?

Ich habe lange gebraucht, um zu akzeptieren – nein, akzeptieren ist das falsche Wort – um zu begreifen und davon auszugehen, dass nicht nur viele, dass nicht nur die Mehrheit, sondern dass neun Zehntel der Menschen nichts anderes wollen, als in den Bedingungen, die sie gerade vorfinden, ihr Leben zu machen. Ist es der Faschismus, dann richten sie sich im Faschismus ein, versuchen, im faschistischen System ihr Leben, ihre Karriere zu machen, aber sie fragen sich nicht, was Faschismus ist, und sie, die ihn erlebt, ermöglicht und legitimiert haben, mussten darüber aufgeklärt werden – diese Aufklärung akzeptieren sie allerdings erst nach dessen Untergang. Sie erkannten nicht die Bedingungen ihres Lebens, sie anerkannten erst die geänderten Bedingungen, in denen sie sich nun einrichten mussten. Ist es dann ein demokratischer Rechtsstaat, dann ist es eben dieser, in dem sie ihr Auskommen suchen, ihr Dach über dem Kopf, ihr Essen und Trinken, ihre Liebe, ihren Pensionsanspruch, und ihre Anerkennung, ja: ihre Anerkennung. Aber sie fragen sich nicht, was das bedeutet: Demokratie als Prozess, sie fragen sich nicht, was das sein könnte, sie nicken, wenn ihnen gesagt wird: Du bist mündig, von dir hängt es ab – und sie nicken noch, wenn ihnen zu schwer wird, was an ihnen hängt, und sie halten für Mündigkeit, wenn sie nicht in Frage stellen, was ihnen alles angehängt wird, weil sie Fitness beweisen wollen in den Verhältnissen, wie sie sind, und in denen sie ihr Leben zu machen versuchen, weil sie kein anderes Leben haben und nun keine anderen Verhältnisse kennen. Ach, die Gewohnheit, die sogenannte Lebenserfahrung, sie ist ein Hund, der bei Unwetter nicht vor der Haustür bleiben möchte. Wem will man das vorwerfen? Wie viele Sklaven haben einen Sklavenaufstand gemacht? Wie viele leibeigene Bauern haben sich aufgelehnt und ihr Leben in der längst vergessenen Bundschuh-Bewegung riskiert? Wie viele Bürger haben die bürgerliche Revolution zumindest mit Daumendrücken begleitet? Wie viele Arbeiter haben das Menschenrecht erkämpfen wollen?

Man könnte diese gnadenlose Gewalt der Geschichte sogar demütig anerkennen, wenn es *trotzdem* eine stets aufstrebende Entwicklung im Geist der Freiheit, und wenn es nie einen historischen Bruch durch den Faschismus gegeben hätte. Aber heute, nach der Erfahrung des Faschismus, ist es ein trübsinnig machender Skandal, dass die überwältigende Mehrheit der Menschen genauso funktioniert, weil sie keinen anderen Anspruch und keine andere Vorstellung vom Leben hat, als diesen: unter den je gegebenen Voraussetzungen zu funktionieren. Alles andere ist Firnis, ist das Lose, das jederzeit abblättern kann vom Besinnungslosen. Wie kann man das kritisieren? Und, wenn man es tut, wie verlässlich ist der Beifall, den man dafür erhält? Ist man als Lautsprecher berechtigter Kritik schon oder noch ein kritischer Geist? Ich frage mich das, trotzig und unsicher, nach Erfahrungen, die ich jüngst gemacht habe: Denn ich habe in einigen Essays die Demokratiedefizite der Europäischen Union kritisiert. Diese Kritik ist empirisch belegbar und richtig. Ich bekam für diese Kritik den Beifall jener, die diese Defizite auch sehen, ich hatte also einmal mehr die Überzeugten überzeugt. Zugleich wurde ich geschmäht und mit Unterstellungen versehen von jenen, die die gegebenen Verhältnisse, weil sie glücklich ihre Karrieren darin machen, nicht anders ertragen als durch glühende Zustimmung im Grundsätzlichen – sie beschimpften mich als Nationalisten, der die Bedeutung der EU nicht anerkennen kann. Das ist natürlich ein Unsinn – aber mir gab wieder einmal zu denken, dass ich in Zustimmung und Kritik nur Affirmation oder Ressentiment bediente, und beides kann nicht mein Anspruch sein.

Dann bin ich, um für ein Romanprojekt zu recherchieren, nach Brüssel übergesiedelt, habe Erfahrungen mit den Institutionen der EU gesucht und gemacht, und davon berichtet. Mir wurde manches klar – nein, das ist übertrieben: Ich habe in Frage gestellt, wozu ich zuvor keine Fragen hatte. Das führte dazu, dass ich nun Kritik von jenen einstecken musste, die bisher meine Kritik an der EU akklamierten, und dass ich Beifall bekam von jenen, deren Beifall ich ablehne, weil sie meine Zustimmung zum Europäischen Projekt mit Zustimmung zu einer abenteuerlichen Europa-Politik verwechseln, die ich ablehne. Wohlmeinende Freunde zeigten sich verwundert oder gar enttäuscht von meinem sogenannten »Sinneswandel«. Manche bezeichneten mich als »Verräter«, weil für sie EU ein Synonym für »Herrschaft der Konzerne« sei, und ich angeblich plötzlich dafür eintrete, aber natürlich glauben sie nicht im Ernst, dass die Rückkehr zum souveränen Nationalstaat Europa von den Konzernen befreien würde – das alles ist so unproduktiver Widerspruch, man kann irre werden damit. Vielleicht bin ich es? Ich wurde für verrückt erklärt, weil ich die Idee der Nation in Frage stellte. Die Ökonomie ist längst transnational, unsere Währung ist es, viele Politikfelder sind vergemeinschaftet, das Europäische Projekt ist ein objektiv stattfindender nachnationaler Prozess – nur die Staatspolitik und das Bewusstsein der Öffentlichkeit reagieren so, als gäbe es noch immer Nationalökonomie und nationale Interessenspolitik. Was wir heute Krise nennen, ist vielleicht das Knirschen und Krachen dieses Widerspruchs.

Man kann den Schriftstellerberuf verschieden verstehen. Für mich ist er die Möglichkeit, meine Zeitgenossenschaft zu reflektieren, von ihrer Gewordenheit, ihren Brüchen und dem, was vorscheint, zu erzählen. In der Krise will ich im Freien sein und nicht ins Haus laufen. So ist, als ich nach Brüssel ging, nichts anderes passiert als dies: Ich habe zu dem, was ich wusste, etwas dazugelernt, und ich habe das, selbst verunsichert und noch lange nicht damit fertig, zur Diskussion gestellt. Und ich bestehe darauf, dies zu diskutieren, weil es, wenn auch noch weitgehend unbegriffen, das große Thema unserer Lebenszeit, die Transformationskrise unserer Epoche ist: Es stimmt, dass die Demokratie erodiert, die gewohnte, die nationale Demokratie, aber es kündigt sich eine völlig neue an, eine nachnationale, die den Menschen erst wirklich als frei und gleich anerkennt, weil sie ihn befreit von der Fiktion einer nationalen Identität, die sich immer nur in Differenz, Abgrenzung und Interessensunterscheidung von anderen definieren kann. Oder finden Sie, dass Deutsche fleißiger sind als Griechen, tüchtiger als Spanier, korrektere Sparer als die Zyprioten und so weiter? Natürlich wissen wir, wohin die Dynamik solcher nationalen Zuschreibungen führt. Deshalb stellte ich diese Frage zur Diskussion: ob es wirklich lohnt, die alte Demokratie zu verteidigen, statt die neue zu erkämpfen, die zumindest als Idee davon ausgeht, dass die Menschen am Peloponnes, in Brandenburg und im Alentejo im Grunde dieselben Interessen haben und denselben Rechtszustand wünschen und dieselbe Sehnsucht nach Frieden haben, auch und nicht zuletzt nach sozialem Frieden.

Die Erfahrung von der Wankelmütigkeit der Zustimmung jedenfalls hatte etwas Befreiendes. Als ich sehr jung war, gierte ich, wie gesagt, nach Anerkennung. Heute kann ich Anerkennung dankbar als das annehmen, was sie ist: ein vorläufiges Missverständnis, ein kurzes Standbild in einem Prozess, in dem es darum geht, uns zu verstehen. Am Ende muss ein Bild stehen von Leben in Würde und mit Haltung. Ich will, weil ich nicht anders kann, Öffentlichkeit dafür finden, über unsere Zeitgenossenschaft nachzudenken, ich will sie kritisieren, zerlegen, neu komponieren. Hoffnungen, Gefahren, Unsinn. Ich will nicht anders leben, mit oder ohne Zustimmung. Möglichst mit der Haltung des Mannes, der mit dem Hut in der Hand im Regen stand. Der Wolkenbruch, das ist das Leben. Ihm zu trotzen, dabei Haltung zu bewahren ist Kultur. Und jenen, die bei Wolken- oder Banken- oder Zivilisationsbruch schnell ins Haus laufen, ohne zu schauen, ob andere ihr Obdach finden, will ich heute folgenden Satz von Heinrich Mann nachrufen: »Ich bin nach Herkunft, Erziehung, Schicksal ein kontinentaler Europäer, nichts weiter. Als Heimat empfand ich immer Europa, je mehr von ihm ich in meine Bildung – und in meine Gebilde – aufnahm. Vor 1914 reiste man ohne Pass von der atlantischen Küste bis an das Schwarze

Meer, von Skandinavien nach Sizilien. Mein erster deutscher Verleger wohnte in Paris. ›Ausland‹ – das war eigentlich Redensart.«

So danke ich herzlichst für den Heinrich-Mann-Preis, den ich als Aufmunterung verstehe, über alle Missverständnisse hinweg mit meiner literarischen Arbeit weiter gegen Redensarten anzuschreiben. Betrachtungen eines Unpolitischen werde ich nie schreiben.

Neue Welt, alter Stier

Sehr geehrte Damen und Herren!

Im Jahr 1989 hatte ich ein Erlebnis, das mir unvergesslich bleibt. Man sagt das so: unvergesslich – aber die Wahrheit ist natürlich, dass man auch das Unvergessliche vergisst, sogar dann, wenn man schon im Moment des Erlebnisses oder unmittelbar danach denkt: Das werde ich nie vergessen! Und dann vergehen doch Monate oder Jahre, in denen man nie mehr daran denkt, und wahrscheinlich ist diese Zeit, in der das Unvergessliche unbeachtet in irgendeiner geschlossenen Lade des Gedächtnisses liegt, die Zeit, um die es im Leben eigentlich geht, die wahre Herausforderung. Beim achtzigsten Geburtstag meiner Großmutter fragte ich sie, was ihre intensivsten Erinnerungen seien, wenn sie zurückdenke, und sie sagte: Am liebsten denke sie an die Tage, in denen nichts passiert sei, in denen alles in Ordnung war, ein Tag wie der andere, ein glücklicher Fluss des Lebens, die Tage also, die in der Erinnerung keine Jahreszahl, kein Datum haben. Aber, sagte ich, in ihrer Lebenszeit seien doch so viele Dinge passiert, von ungeheurer politischer, gesellschaftlicher, historischer Bedeutung, mit dramatischen Auswirkungen auf ihr Leben, da müsse sie doch Erlebnisse gehabt haben, die … – Ja sicher, sagte sie, aber wenn man so viel gesehen hat, dann hätte es einem genügt, einmal das Meer zu sehen, oder die Berge in Tirol.

Ich schweife ab. Ich wollte nur sagen, dass ich jetzt, da ich diese Rede schreibe, ein unvergessliches Erlebnis vor Augen habe, an das ich seit vielen Jahren nicht mehr gedacht habe, das ich aber nun nicht aus dem Kopf bekomme, obwohl mir nicht klar ist, was es mit der Aufgabe, eine Dankesrede für die Auszeichnung meines Europa-Buches zu schreiben, zu tun hat. Da können dann schon Stunden am Schreibtisch vergehen, in denen man nur vor sich hinschaut und raucht und darüber grübelt, wie das nun ist mit dem Unvergesslichen, warum man es so lange vergessen kann, und warum es dann plötzlich doch wieder da ist, und welche Bedeutung es für anderes hat, mit dem es doch nicht zusammenzuhängen scheint. Aber wenn ich diese Erinnerung jetzt schon nicht wegschieben kann, stelle ich sie eben vor Sie hin.

Wie gesagt: es war im Jahr 1989. Ich hatte die Achtzigerjahre in Brasilien verbracht, war nahe daran gewesen, definitiv dort zu bleiben, hatte mich dann aber doch dazu entschieden, nach Europa zurückzukehren. Wenn ich sage: »nach Europa zurückkehren«, dann ist oder war das schon ein Ergebnis meiner Jahre in Brasilien: gekommen war ich aus Österreich, aber als es um die Entscheidung ging, zurückzukehren, dachte ich: »nach Europa«!

Ich hatte an der Universität São Paulo gearbeitet, nun also gekündigt und beschlossen, vor der Rückkehr noch eine Reise zu machen, um das Land, in dem ich so lange gelebt hatte, besser kennen zu lernen. Ich bin schon in den Jahren davor sehr viel gereist, habe immer die Semesterferien genützt, um diesen Kontinent kennen zu lernen, Lateinamerika, dieses Amerika, an das ich immer mit warmem Herzen denke, wenn ich »Amerika« höre. Allerdings bin ich zuvor nie am Amazonas gewesen, und dorthin brach ich nun also auf, als erster Station meiner Rundreise durch das Unbekannte des mir so lieb gewordenen Landes. Ich hatte mich einer kleinen Expedition angeschlossen, mit der ich eines Tages an einem ruhigen Fluss, dessen Namen ich vergessen habe – der Amazonas hat meines Wissens 1700 Nebenflüsse –, zufällig Augenzeuge eines Ereignisses wurde, das im Programm dieser Reise nicht vorgesehen war: Ein Viehtrieb, der hunderte Rinder von den brandgerodeten Weiden des Amazonasgebiets in den Schlachthof von

Manaus brachte, schickte sich an, die Tiere über den Fluss zu setzen – das Brüllen der Rinder, das Gewimmel, das Geschrei der Treiber auf ihren Pferden, die Hunde, das Knarren und Scheppern der Planwagen, der Staub und Dreck, das alles ergab ein ungeheures Bild, dem gegenüber man schnell bereit war, es als »unvergesslich« zu bezeichnen – aber das war es noch lange nicht. Ich starrte das Bild an, das sich mir bot, im Grunde war es eine Szene, wie ich sie aus Western-Filmen kannte, mit dem Unterschied, dass die Realität langweiliger war, weil die Szene nicht mit dramaturgischer Vernunft geschnitten war – es war alles nur laut, unübersichtlich und langwierig. Bis ich schließlich merkte, dass da etwas geschah, was ich noch nie im Kino gesehen hatte und mir zunächst wider alle Logik erschien: Die Treiber, die die Tiere über den Fluss bringen sollten, waren bemüht, zu verhindern, dass die Tiere in den Fluss hineingingen oder hineinsprangen. Sie durften aber auch nicht zurück, und schon gar nicht durften sie seitlich ausbrechen. Hier wurde mit ungeheurer Dynamik Stillstand produziert, ein vibrierender, ein brodelnder Stillstand. Jacaré, der Reiseleiter unserer kleinen Expedition, begriff, was hier geschah, und schlug vor, mit unseren Jeeps ein Stück flussaufwärts zu fahren, um Zeugen des Schauspiels zu werden, das nun, wie er wusste, folgen musste. Wir fuhren etwa zehn Minuten, kamen zu einer Stelle, wo sich an einer leichten Biegung des Flusses eine Böschung auftat, die wir hinaufkletterten, um oben Platz zu nehmen, mit bestem Überblick über die Szene wie in einem Amphitheater. Schon bald darauf kamen drei Gauchos angeritten, die nur einen einzelnen Stier trieben. Und Jacaré erklärte uns: Das ist der »boi de piranha«.

Ein altes und erschöpftes Tier, das eher geführt als gehetzt wurde, ein großer Leib, der nur noch über sich ergehen ließ, was ihm geschah. Deutlich aber war, dass er nicht in das Wasser wollte, immer wieder machte er müde Versuche, vom Fluss weg seitlich auszubrechen, aber die Treiber hielten ihn eng am Ufer, bis einer ihm schließlich den Weg absperrte, die beiden anderen ihre Pferde dicht an ihn drängten und ihm Peitschenhiebe versetzten, vor denen er in die einzige Richtung, die ihm noch offen stand, auswich: hinein in den Fluss, in den er einbrach, den Schädel hochreißend, brüllend.

Er geht weg vom Schmerz und in den Tod, sagte Jacaré.

So schwach der Stier eben noch gewirkt hatte, nun, im Kampf gegen die Strömung, erschienen der glänzende Rücken und der angespannte hochgereckte Nacken des alten Tiers wie eine große Maschine mit unbändiger Kraft, ein rührendes Wunderwerk des Lebens.

Da färbte sich das grünbraune Wasser um den Stier herum plötzlich schwarz, das war ein flatternder Teppich von hunderten, vielleicht tausenden Fischen – wie aus dem Nichts war ein riesiger Schwarm von Fischen da, die sich auf den Stier stürzten: die Piranhas! Der eben noch so geruhsam dahinfließende Strom bebte, schäumte und sprudelte durch das Schlagen und Zucken der Fischleiber, durch die Rüttelbewegungen, mit denen sie dem Stier Fleischstücke herauszureißen versuchten, sowie durch die Versuche des alten Stiers, sich im Wasser zu wälzen, um sich zu schlagen, den Kopf brüllend nach rechts und links zu stoßen, um so die Angreifer abzuschütteln und zugleich schwimmend voranzukommen. Und schon wechselte das Wasser wieder die Farbe, es wurde rot vom Blut, das noch mehr Piranhas anlockte, die sich gegenseitig zu verdrängen suchten, ihre Schwanzflossen hin und her schlugen, sich in den Stier verbissen, der nun unter die Wasseroberfläche sank, plötzlich wieder prustend auftauchte, sich aufbäumte und brüllte, sich nach vorn warf, und mit verzweifelten Schwimmbewegungen seinen Mördern zu entkommen versuchte.

Warum dreht er nicht um, warum versucht er nicht, zurückzuschwimmen? Zurück wäre es doch viel näher, als hinüber zum fernen Ufer. Wenn er umdrehen würde, sagte ich, hätte er doch eine größere Chance!

Das denkst *du*, sagte Jacaré. Aber der Stier weiß noch, was ihn erwartet, wenn er zurückschwimmt. Die Peiniger, die ihn ausgesondert, hergetrieben und traktiert haben. Nein, die Rettung kann für ihn nur das ferne Ufer sein.

Und hat er eine Chance?

Jacaré zuckte mit den Achseln. Die Herde hat eine Chance, sagte er schließlich, die ganze Mannschaft, die Gauchos, die Wägen und der Begleittrupp. Während die Piranhas hier beschäftigt sind, können sie alle inzwischen weiter unten relativ gefahrlos den Fluss überqueren.

Warum jetzt die Erinnerung an den armen Stier? Ich weiß es nicht. Ich hatte so lange nicht mehr an dieses Erlebnis gedacht, an diese Reise, mit der ich mich von Brasilien verabschiedete, bevor ich nach Europa heimkehrte. Man könnte allerdings auch sagen: mit der ich mich auch schon auf Europa einstimmte, bevor ich Brasilien verließ. Ich reiste dann weiter nach São Luis de Maranhão, eine Stadt, heute Weltkulturerbe, die typisch für die sogenannte Neue Welt und eigentlich für die Geschichte Europas ist: Zunächst von den Franzosen als Fort gegründet, fiel sie nach heftigen Kämpfen an die Portugiesen. Schließlich wurde sie von den Holländern eingenommen, dann gewann Portugal in ganz Brasilien und also auch hier wieder die Oberhand – bis die Enkel der Kolonialisten mit dem Schlachtruf »Es lebe der Tod!« die portugiesische Herrschaft abschüttelten – und deren Bürokratie übernahmen. Landraub, blutige Kriege, Misere, schöne Musealität, schließlich stolze nationale Identität: Im Hotel mit der portugiesischen Azulejo-Fassade gegenüber dem holländischen Fachwerkhaus servierten Mädchen in indigenen Trachten die Caipirinhas …

Ich hatte glückliche und lehrreiche Jahre in Brasilien verbracht, und wenn ich auch den Anspruch hatte, mich möglichst zu assimilieren, und keinesfalls in der deutschen Kolonie, die es in São Paulo natürlich gibt, in einer kulturellen Parallelwelt zu leben, waren es doch, wie ich erst später begriff, Lehrjahre, die mich langsam zum Europäer erzogen, allerdings nicht zu einem der Herkunft, sondern einem der Zukunft, zu einem, der ich erst viel später, nach meiner Rückkehr, wirklich werden sollte.

Als ich in Brasilien ankam, herrschte noch Militärdiktatur, allerdings hatte gerade die *Abertura* begonnen, die Öffnung hin zu einem so mühsamen wie dynamischen Übergang in demokratische Verhältnisse: General Figueiredo, der Präsident, hatte die Uniform aus- und einen zivilen Anzug angezogen – wir wissen, welche Bedeutung die Kostüme in geschichtlichen Umbruchzeiten haben! –, die Zensur aufgehoben und freie Wahlen versprochen, die es einige Jahre später tatsächlich gab. Was ich in den Jahren vor und nach diesen Wahlen in Brasilien erlebte, war eine hitzige gesellschaftliche Transformationsphase, mit allen Symptomen, die eine solche Transformation produziert: Aufbruchsstimmung und Ängste, Euphorie, Frustrationen und Wut, Gewinner und Verlierer, Konsumrausch und Pleiten, eine neue Währung und eine Finanzkrise, eine wachsende Anzahl von Menschen, die zurückrudern wollten in die alte Ordnung, die ihnen nachträglich übersichtlicher erschien, vertraut und stabil. Eine Ordnung, in der Brasilien im Fußball unschlagbar gewesen ist und nicht, wie zu dieser Zeit, von den Italienern wie eine Schülermannschaft vorgeführt werden konnte. In São Paulo wurde sogar Janio Quadros zum Bürgermeister gewählt, der Mann, der dereinst das Land den Militärs ausgeliefert hatte, und nun mit faschistischen Slogans und Symbolen bei freien demokratischen Wahlen die Mehrheit gewann. Ich habe Debatten in den Medien verfolgt, die langsam dazu führten, dass immer mehr Menschen auf einer Zukunft bestanden, die nicht durch Nostalgie, durch das Heimweh nach den alten Verhältnissen und der alten Währung definiert war, dann wieder Rückschläge erlebt, Abenteurertum, Populisten, alles in allem eine Dynamik, wie ich sie von Europa nicht kannte.

Und nun, nach dieser letzten Reise, auf der ich das Erlebnis mit dem Stier hatte, und dann die musealen Kulissen der alten europäischen Kolonialgeschichte gesehen hatte, kehrte ich also heim, zurück auf den Kontinent mit seinen, wie ich dachte und erwartete, versteinerten Verhältnissen, ein Kontinent wie ein riesiger Bernstein, in dem alle Geschichte tot und unverrückbar eingeschlossen ist, eine matt glänzende, manchmal im Licht funkelnde Oberfläche, unter der das So-Gewesen-Sein auf immer und ewig im So-Sein schimmerte. Wenn ich damals, noch in Brasilien, an Europa dachte, dachte ich nicht an die revolutionären Visionen eines Jean Monnet, an den Schuman-Plan, an die Hallstein-Doktrin. Das alles kannte ich nicht, das war nicht Teil meiner Erfahrungen und Sozialisation, ich dachte – und da war ich wohl schon ziemlich amerikanisiert – an einen alten, starren Erdteil, der von einer Geschichte, die er verschuldet hatte, durch den Eisernen Vorhang auf ewig bestraft war, der jeder Geschichtsmacht für alle Zukunft enthoben war, und der hüben wie drüben des Eisernen Vorhangs nur noch darauf wartete, was aus Amerika kam, um es hüben zu Mainstream und Geschäft, drüben zu Subkultur und einem Derivat von Freiheitsgefühl zu machen. Lebensglück – das schien in Europa schon wieder durch die Geburt definiert, ob man hüben oder drüben zur Welt gekommen und aufgewachsen war.

Und doch ging ich zurück. Aus einem simplen Grund: Ich wollte nicht die akademische Karriere machen, die mir zufällig in São Paulo offenstand, sondern ein Dichter werden, und ich dachte, dass ich mich, Deutsch schreibend, zunächst im deutschen Sprachraum durchsetzen müsse. Diese Entscheidung traf ich, wie gesagt, Anfang des Jahres 1989.

Ich glaube, ich hatte einfach ein ungeheures biografisches Glück.

Ich kam gerade rechtzeitig, um zu sehen, wie Europa völlig unvorhergesehen in Bewegung geriet, die Geschichte auf diesen Kontinent zurückkehrte, nein, die Menschen den Stein zertrümmerten, in dem die Geschichte eingeschlossen war. Und ich erlebte alles noch einmal: die große Transformation, die Transformationskrisen, die Hoffnungen und Euphorien, die Demagogen und Glücksritter, die neue Währung, die Blasen, die Wut, die Nostalgie, die Debatten, das plötzlich Mögliche, die Enttäuschungen.

Das Ganze also noch einmal? Nicht ganz. Was ich als Glück empfinde, ist, dass ich in einer Weise vorbereitet war, wie ich es mit Absicht und Planung nie gewesen wäre. Ich hatte zufällig in einem Labor studieren dürfen, und diese unbezahlbare Erfahrung konnte ich in einer neuen großen Versuchsanordnung wiedererleben. Aber: Es war keine bloße Wiederholung, das Entscheidende war und ist die Differenz. Die Bedeutung der Unterschiede, bei den sich ähnelnden Phänomenen. Die Transformation Brasiliens in den Achtzigerjahren war nachhaltig wichtig für die Geschichte Brasiliens, die europäische Transformation aber ist von weltgeschichtlicher Bedeutung.

Was sich aktuell in Europa entwickelt, mit allen Krisensymptomen, die ein weltgeschichtlicher Prozess eben produzieren kann, ist etwas vollkommen Neues, das wir verstehen müssen, um es gestalten zu können. In einer Welt der Nationalstaaten, die, wenn sie die Möglichkeit dazu haben, ihre sogenannten Interessen mit Bedrohungsritualen, militärischen Einsätzen und Kriegen verteidigen, baut Europa den ersten nachnationalen Kontinent auf, explizit als Friedensprojekt.

Was hier passierte und sich entwickelt, ist nicht, wie ich es eben in Brasilien erlebt hatte, eine nationale Befreiung, nationale Wiedergeburt und Rekonstruktion nationaler Demokratie, auch wenn sich auf der politischen Bühne Europas die handelnden Personen in die alten nationalen Kostüme hüllen, so wie sich Luther als Apostel Paulus verkleidete oder Robespierre sich in eine römische Toga hüllte – was sich objektiv in Europa vollzieht, trotz der alten, nach Mottenkugeln stinkenden Kostüme der europapolitischen Darsteller, ist die Überwindung des Nationalismus und aller durch ihn verschuldeten Gewalt.

Europa ist wieder Avantgarde. Hier entsteht, durch Krisen hindurch und von Krisen angetrieben, etwas historisch völlig Neues, nie da Gewesenes. Ich habe es in der Differenz zu meinen Erfahrungen mit der Transformationskrise in Brasilien zu verstehen begonnen, oder sagen wir so: Ich habe die Chance gehabt, einen Blick dafür zu entwickeln. Allerdings klingt das vielleicht überheblich, oder, schlimmer noch, trivialhegelianisch: dass eine teleologische Entwicklung in meinem absoluten Wissen mündet ... Nein, ich ersetze das durch einen Satz einer anderen Geschichtsphilosophin, meiner schon erwähnten Großmutter, die damals, als ich sie nach den wichtigsten Erfahrungen ihres Lebens und den unvergesslichen Erinnerungen fragte, auch dies sagte: »Überblick gewinnst du nicht durch die Höhe deines Standpunkts, Überblick gewinnst du durch die Zeit!«

Sie hatte in ihrer Lebenszeit fünf verschiedene politische Systeme und damit fünf Lebens-Systeme innerhalb von fünf verschiedenen Grenzen erlebt: Die Habsburgermonarchie, die Erste Österreichische Republik, den austrofaschistischen Ständestaat, die Ostmark als Bestandteil des Dritten Reichs, die Zweite Republik. Das sind heute historische Daten, aber was meine Großmutter glücklich gemacht hatte, waren die Tage ohne Datum, und ihr Fazit war die Erfahrung, dass nichts ewig ist, aber eines immer bleibt: das Bedürfnis nach einem ruhigen Fluss des Lebens, in Würde, ohne die Grenzen, die Blutzoll fordern, schließlich mit Erinnerungen, die nicht als außergewöhnliche Ereignisse in einer Schublade schlummern, sondern ganz allgemein in stillen Stunden einen Rückblick auf glückliche Tage erlauben.

Sie starb im Jahr des EU-Beitritts Österreichs.

Ich habe Brasilien natürlich nicht nur als »Zeitzeuge« eines politischen Umbruchs erlebt, oder als Laborant, in dem ich eine Versuchsanordnung studierte, ich habe dort einfach Alltag gehabt, eine glückliche anregende Zeit, und es stimmt, dass rückblickend mir die Tage als besonders glücklich erscheinen, die ineinander flossen, ohne dass ich sie heute datieren könnte. Und was das unvergessliche Erlebnis am Ende, vor meiner Rückkehr nach Europa, betrifft – da bin ich Ihnen noch die Pointe schuldig:

Der Stier hat es natürlich geschafft. Er hat das Ufer erreicht. Und die Herde sowieso.

Piranhas – letztlich ist, was man ihnen zuschreibt, ein Mythos!

Das ist es, was ich Ihnen heute erzählen konnte. Nehmen Sie es bitte als Ausdruck meiner Dankbarkeit für diese wunderbare Auszeichnung, die mir von der Jury der Friedrich-Ebert-Stiftung dafür zugesprochen wurde, dass ich, auch wenn so viel Außergewöhnliches und Bedeutsames im Vergessen schlummert, doch immer wieder versuche zu rekonstruieren: das Erlebte und das Ersehnte!

Es gibt nichts Schöneres

Sehr geehrte Damen und Herren!

Glück hat im Deutschen immer auch die Bedeutung von Zufall. Aber es ist in der Regel kein Zufall, der das Glück zunichte macht.

Wer hat diesen Satz geschrieben?

Ein Mann mittleren Alters liegt auf einem Sofa, er raucht, die Rauchkringel schweben zur Decke. Auf einem Beistelltischchen steht ein Glas Wein, auf dem Boden neben dem Sofa liegen Zeitungen und einige aufgeschlagene Bücher. Die Zeitungen sind mit sich identisch, sie sind Altpapier, aber die Bücher wirken wie aus dem Nest gefallene Vögel mit ausgebreiteten Flügeln, und im Licht der Stehlampe funkelt der Wein wie bernsteinfarbenes Meer in einer kleinen menschenleeren Bucht vor dem Sturm.

Das Pathos und der Kitsch dieses Bildes können nur eines bedeuten: Der Mann hängt gewichtigen Gedanken nach.

Aber er tut das nicht. Ich weiß das. Denn ich habe diesen Mann erfunden. Ich betrachte diesen Mann und frage mich: Wieso sehe ich mich von außen? Was ist passiert, dass ich mich als einen erlebe, der außer sich ist, neben sich steht und alles, was ihn betrifft, als etwas Fremdes, Peinliches, ihm gar nicht Zugehöriges, als Verwechslung empfindet?

Ich habe, seit ich schreibe und publiziere, ein Bild von mir, in das ich schlüpfen, in dem ich leben wollte, einen Anspruch, der, bei aller Singularität jeder künstlerischen Anstrengung, nie ein Gefühl von Einzigartigkeit erzeugen konnte, im Gegenteil. Mein Anspruch war, mit den mir zur Verfügung stehenden Mitteln, Talenten und Möglichkeiten so zu leben und zu arbeiten, wie es uns allen seit dem Eintritt in die Mündigkeit aufgetragen ist: nämlich die vorgefundenen Bedingungen unseres Lebens zu verstehen, sie nicht als fremde Macht, sondern als menschengemacht zu begreifen, also als etwas, das uns in die Hand gegeben ist, um es gemeinsam menschengerecht zu machen.

Meine Arbeit, mein Werk würde mir ermöglichen, *Ich* zu sagen, weil es Ich war, der es beigetragen hat, zugleich würde der Anspruch, den ich hatte, mir auch ermöglichen, buchstäblich aus vollem Herzen *Wir* zu sagen.

Pathetisch? Zugleich auch noch kitschig? Vielleicht. Vielleicht ist das nur der Anspruch und der Gedanke des Mannes auf dem Sofa – Sie entschuldigen das bitte, ich beobachte und erzähle nur.

Andererseits: Was ist das für eine Zeit, in der dieser Anspruch als pathetisch oder gar kitschig empfunden wird? Auch nur eine Zeit, mit der man sich durch Insistieren auf diesem Anspruch auseinandersetzen muss! Da bin ich wieder bei mir. Ich wäre lieber bei Ihnen!

Die Auseinandersetzung mit der eigenen Zeitgenossenschaft ist eine eigentümliche Angelegenheit: Sie ist meines Wissens der einzige Fall, der einen tautologischen Akt, eine Verdopplung erfordert, um eine einfache Identität herzustellen: Jeder ist Zeitgenosse, aber man muss erst diesen Anspruch haben und sich zu einem Zeitgenossen machen, um praktisch einer zu sein.

Das ist schon wieder ein bisschen peinlich theoretisch, ich bin ja eigentlich ein Erzähler. Ich erzähle Ihnen etwas.

Mein Eintritt in die Zeitgenossenschaft geschah als Kollateralglück einer unglücklichen Jugend, damals war ich zwölf Jahre alt und ein Scheidungskind. Es waren die »großen Ferien«, zwei wunderbar lange Sommermonate. Meine Eltern mussten beide arbeiten, hatten keinen Urlaub, zumindest nicht so lange, wie ich Ferien hatte – wohin mit dem Kind?

Zur Großmutter, die in einem kleinen niederösterreichischen Dorf lebte. Meine Mutter kam jeden Freitagabend nach Arbeitsschluss übers Wochenende, aber auch mein Vater, der grundsätzlich einmal wöchentlich Besuchsrecht hatte, wollte über den langen Sommer den Kontakt zu seinem Sohn nicht ganz abreißen lassen, was ich ihm hoch anrechne, und beschloss, die Reise in die Provinz anzutreten und mich zumindest einmal zu besuchen. Er kam nach dem Mittagessen, wollte am selben Abend wieder nach Wien zurückfahren, das hieß, wir hatten etwa vier Stunden, die wir zusammen verbringen sollten. Das war eine große Herausforderung: Denn welche Möglichkeiten gab es für eine aufregende, spannende, verschworene, liebevolle, irgendwie sinnvolle Vater-Sohn-Aktion in diesem »Nest«, wie Vater dieses Dorf im Waldviertel nannte, wobei klar war, dass ihm selbst im Hochsommer nichts ferner lag als die Assoziation »Nestwärme«?

Wir konnten in den Wald gehen, Schwammerl suchen. Nun war aber meinem Vater, damals ein berühmter Fußballspieler, jegliche Art von Bewegung, bei der kein Ball im Spiel ist, völlig wesensfremd. Der Satz meines Vaters: »Was mache ich im Wald, ich bin ja kein Reh« ist erst später Anton Kuh zugeschrieben worden – was insofern legitim ist, als der Satz, dass Kuh kein Reh ist, erst wirklich vertrackter österreichischer Humor ist … Aber egal. Die zweite Möglichkeit war, dass mein Vater mich bei meinen Feriengeschäften begleitete und also dabei zusah, wie ich das tat, was ich jeden Nachmittag in den Sommerferien tat, nämlich mit den anderen Buben des Dorfs Fußball zu spielen. Das aber lehnte er kategorisch ab. »Kannst du dir vorstellen«, sagte er, »wie Paganini seinem Sohn freiwillig dabei zuschaut, wie er eine Geige zersägt?« Das kam also als Programm für den Besuchsnachmittag auch nicht in Frage. Und die dritte Möglichkeit?

Die erfand mein Vater. Sie müssen sich das vorstellen: Vier

Stunden mit einem fußballerisch untalentierten, im Übrigen schwermütigen Kind, das den Vater bewunderte und fürchtete, das vom Vater Anerkennung haben, den Vater zurückerobern wollte, in einem Provinznest, dessen Angebote naturgemäß ausgeschlagen werden mussten – was tun? Nun, mein Vater ging mit mir in die Trafik, kaufte sämtliche verfügbaren Zeitungen, ausgenommen die Kronenzeitung – er hätte auch die Kronenzeitung gekauft, aber der Trafikant führte sie nicht, der ein kriegsinvalider Nazi war, der sich aus ideologischen Gründen weigerte, diese »Gewerkschaftszeitung, dieses rote Sudelblattl«, wie er es nannte, im Sortiment zu haben. Das waren noch Zeiten, sie sind so vergessen, dass nicht einmal der anbiedernde Brief Werner Faymanns an die Kronenzeitung Erinnerungen daran weckte … Jedenfalls, mein Vater kaufte alle verfügbaren Zeitungen, marschierte mit mir zu einer Bank auf dem Kirchenplatz, wir setzten uns, und mein Vater legte den Stapel Zeitungen zwischen uns und sagte – ich bin immer wieder aufs Neue erregt, wenn ich daran denke, obwohl ich sicher bin, dass sich mein Vater heute nicht mehr daran erinnern kann, er wollte doch nur Zeit totschlagen, aber ich bin damals in meine Lebenszeit eingetreten, Zeitgenosse in Anspruch und Praxis geworden –, mein Vater sagte doch tatsächlich: »Es gibt nichts Schöneres, als die Zeitungen zu lesen und zu sehen, was in der Welt los ist!«

Dann nahm er eine Zeitung, begann zu lesen und bedeutete mir irgendwie, es ihm gleichzutun. »Es gibt nichts Schöneres«, hatte er gesagt, und ich war kein Kind, das quengelte, wenn mein Vater sagte, dass es nichts Schöneres gab, und ich wagte es auch nicht, »fad!« zu sagen, wenn es darum ging, zu sehen, »was in der Welt los ist«. Und ich werfe meinem Vater auch nicht den kleinen Betrug vor, dass er, als österreichischer Profi-Zeitungsleser, die Zeitung von hinten anfing zu lesen, also beim Sport, während er, solange ich still blieb, mich nicht daran hinderte, die Zeitung wie ein Buch zu lesen, also vorne zu beginnen, mit dem politischen Leitartikel. So saßen wir also nebeneinander, mit großem Ernst, in großer Verbundenheit.

Ich gab dann in diesem Sommer mein ganzes Taschengeld für Zeitungen aus, kannte am Ende der Ferien alle Staatschefs der Welt, so wie die Namen der Spieler der portugiesischen Nationalmannschaft, die in diesem Sommer bei der Fußballweltmeisterschaft 5:3 gegen Nordkorea gewann, nachdem Nordkorea bereits 3:0 geführt hatte, wobei ich ziemlich sicher bin, dass ich der einzige Zwölfjährige außerhalb Nordkoreas war, der Kim Il-sung kannte, und der wusste, dass der Korea-Krieg kein Fußballmatch gewesen war.

Warum erzähle ich das? Ich bin zwar ein Dichter geworden, aber ich wollte zeigen, dass dies, trotz der zweifellos etwas anders gearteten Ansprüche der Literatur, für mich untrennbar verbunden ist – nein: war – mit »Nichts-Schönerem«, als die Zeitungen zu lesen, um zu wissen, »was in der Welt los ist«. Ich habe vorhin »Kollateralglück« gesagt: Ich wollte als Sohn anerkannt sein – und wurde Zeitungsleser … ich sehe da eine verquere Logik, dass ich heute, nachdem ich einen Roman schreiben wollte, einen Sachbuchpreis erhalte. Es hat auch mit Zeitungen zu tun. Ich wollte einen Roman schreiben, der in Brüssel spielt, und dessen Hauptfigur ein Beamter der Europäischen Kommission ist. Das kann man nicht am Marmortisch eines Wiener Kaffeehauses schreiben, mit der Brüssel-Ausgabe von *Anders Reisen* vor sich. Also flog ich nach Brüssel, nahm mir eine Wohnung und versuchte, sogenannte Eurokraten kennen zu lernen, um zu sehen, ob sie überhaupt romantauglich sind, ob man sie typisieren, sie zu einer exemplarischen Romanfigur verdichten kann. Eine schrullige Idee? Ja und nein. Ich habe vorhin von meinem Anspruch gesprochen, mich in meiner Zeitgenossenschaft zu reflektieren, zu verstehen, wie meine Lebensrealität zustande kommt, und ich dachte eben, dass in »Brüssel«, dieser Stadt in Anführungszeichen, heute die Rahmenbedingungen meiner Lebensrealität produziert werden, meiner und unser aller Lebensrealität auf dem ganzen Kontinent, und dass ich also in diesen Maschinenraum der Realitätsproduktion hineingehen müsse, um einen wahrhaft zeitgenössischen und doch bleibenden Roman zu schreiben.

Es wäre eine glückliche, produktive Zeit gewesen. Ich machte Erfahrungen, sammelte Beobachtungen, gewann Einsichten, hatte interessante Einblicke. Da brach die Krise aus. (Es brechen immer Krisen aus, wenn ich glücklich bin, das nur nebenbei!) Die Finanzkrise. Griechenland. Plötzlich wurde aus meiner Romanrecherche ein multiples Postgraduate-Studium in Finanz- und Wirtschaftswissenschaften, Politologie, Geschichte, Medientheorie. Es gab in Brüssel kein anderes Thema mehr als das, wofür heute »Griechenland« als falsche Chiffre herhalten muss, und es wurde in allen Facetten diskutiert. Und ich lernte und bekam ein Bild – und plötzlich drehte sich die Welt: Es gibt nichts Schöneres, als in den Zeitungen zu lesen, was in der Welt passiert – ach ja? Was ich in den Zeitungen las, stimmte kaum und nur in Bruchstücken überein mit dem, was ich sah, was ich erfuhr, was ich recherchierte, was ich erlebte, was ich hörte, was ich lernte, was ich begriff als die Welt, in der ich forschte und in der ein denkendes Gemüt gleichermaßen selbstbewusst Ich und Wir sagen kann.

Ich habe gelernt, was die Europäische Idee ist, an der sehr viele Menschen in Brüssel arbeiten, in der Europäischen Kommission, im Europäischen Parlament. Nichts oder kaum etwas davon las ich in den Zeitungen. Brächten die Zeitungen nur ein einziges Mal auf den Sportseiten falsche Ergebnisse von Fußballspielen, es folgte ein Sturm der Entrüstung. Aber in Hinblick auf den Lebensnerv unserer Existenz geht jeder faktische Unsinn, jeder eitle Ausdruck von Geschichtsvergessenheit, jede inkompetente Meinung – wenn ich das schon höre! Meinung! Inkompetente Meinung ist eine Tautologie! Dieser ganze Meinungsjournalismus ist ein einziges Verhängnis! –, geht jede ideologische Verblendung als »Information« durch, die nur Ressentiments schürt, die die Medien dann glauben immer weiter bedienen zu müssen.

Nach einiger Zeit begriff ich, dass der Widerspruch zwischen der europäischen Realität und ihrer Widerspiegelung in den Medien tatsächlich eine getreue Widerspiegelung des inneren Widerspruchs der EU selbst ist: nämlich die des Widerspruchs zwischen der nachnationalen Entwicklung, die mit der Gründung und Etablierung supranationaler Institutionen in Europa begonnen wurde, und der Renationalisierung, der sturen Verteidigung sogenannter nationaler Interessen, die wir gegenwärtig erleben – ein Widerspruch, der das Gefüge zum Knirschen und Krachen bringt, und dessen politische und ökonomische Symptome wir eben heute »die Krise« nennen. Im Europäischen Rat, in den Krisengipfeln der Staats- und Regierungschefs, sollen Menschen europapolitische Entscheidungen treffen, also den nachnationalen Prozess fortsetzen, aber sie alle sind nur durch nationale Wahlen legitimiert, können nur national wiedergewählt werden, weshalb sie ihre Europapolitik, selbst wenn sie nach und nach in kleinen Schritten den Zwängen und Notwendigkeiten der Gemeinschaft nachgeben, immer nur als nationalen Abwehrkampf gegen Europa darstellen. Und es ist eben genau dieser Widerspruch, den die Medien, vielleicht ohne anders zu können, reproduzieren: Es werden europapolitische Entscheidungen getroffen, aber die Fakten und die Informationen werden durch nationale Medien gefiltert. Es gibt keine anderen. So wird die Frage »Wie können wir die Finanzkrise lösen?« zu der Frage transformiert »Was kostet das uns Deutsche?« oder »Was bedeutet das für Österreich?« – so als hätten diese Fiktionen von nationalstaatlicher Souveränität noch eine reale Bedeutung, in einer Zeit, in der zum Beispiel die Banken transnational agieren, und nur national sterben.

So kam es also, dass ich in Brüssel schöpferisch wurde. Ich schöpfte Verdacht. Kann es sein, dass die Krise letztlich nichts anderes ist, als die Folge systembedingter Orientierungslosigkeit? Kann irgendeines der großen Probleme, mit denen wir uns heute auseinanderzusetzen haben, nationalstaatlich gelöst werden? Sicherlich nicht mehr. Können diese Probleme supranational gemeinschaftlich gelöst werden? Offenbar noch nicht. Das ist der Punkt, an dem wir uns befinden. Und darüber habe ich nichts gelesen. Wenn man aber herumtaumelt zwischen Nicht-Mehr und Noch-Nicht, und einem das klar wird, dann sollte doch auch klar sein, in welche Richtung man gehen muss. Das Nicht-Mehr ist definitiv, das Noch-Nicht kann überwunden werden. Das heißt, wir müssen bewusst und konsequent auf dem nachnationalen Weg weitergehen. Kann man es den nationalen Medien verübeln, wenn sie Schwierigkeiten haben, dies zu schreiben und zu diskutieren?

Das war doch die Idee der Gründerväter des Europäischen Projekts: die Überwindung des Nationalismus, als der Ursache der furchtbarsten Kriege und größten Menschheitsverbrechen, und langfristig das Absterben der Nationalstaaten. Und sind wir auf diesem Weg nicht schon ein beträchtliches Stück vorangekommen? Rund achtzig Prozent ihrer Souveränitätsrechte haben die Mitgliedstaaten der Union bereits an die supranationalen Institutionen abgegeben, Europa hat seine längste Friedensperiode bei wachsendem Wohlstand und wachsenden Freiheiten erlebt, ja, mit vielen Fehlern, vielen Problemen, wie alles Menschengemachte, aber das hat ja auch keiner geglaubt: dass die Rue de Loi in Brüssel die Straße ins Paradies ist.

Aber gibt es eine Kritik am Europäischen Projekt, die nicht getrübt und verwirrt ist vom nationalen Blick, von nationalistischem Furor, von der Ideologie nationaler Interessen, von der Fiktion nationaler Souveränität, von verlogener nationaler Nostalgie?

Kann man von den Medien nicht doch erwarten, dass ihnen ab und zu etwas auffällt? Mein ganzes Schriftstellerleben habe ich so gelebt: den Vormittag im Kaffeehaus sitzend, alle Zeitungen lesend, es gibt nichts Schöneres, ich, wir, die Welt. Plötzlich ist das, was ich lese, nicht mehr meine Welt. Wo bin ich? Ein verträumter Mann, der auf einem Sofa liegt und Rauchkringeln nachblickt. In den Zeitungen, die auf dem Boden liegen, Berichte über die Friedensnobelpreis-Verleihung an »die EU«. Kein Satz, kein Kommentar zu diesem kleinen, aber typischen Skandal, den ich im Fernsehen mitverfolgt habe. Da bedankte sich Ratspräsident Van Rompuy artig mit den Worten: »Die EU hat erfolgreich die Aussöhnung zwischen den Nationen betrieben und wird auch in Zukunft ein gedeihliches Zusammenleben der europäischen Nationen und bla …«, und daneben steht Kommissionspräsident Barroso und grinst. Zusammenleben der Nationen in der Zukunft – ging es nicht um etwas ganz anderes? Und niemandem fällt etwas auf? Diese Männer nehmen den Friedensnobelpreis entgegen – und produzieren, von den Nationen der Zukunft schwätzend, Bürgerkriege, weil sie sich die Lösung eines europäischen Problems nur als Verschärfung nationaler Probleme vorstellen können und Mitglieder der Union zu nationalen Kraftanstrengungen in Form nationaler Austerity-Politik zwingen, gegen die die Menschen zu Recht rebellieren.

Stellen Sie sich vor, der französische Präsident würde am 14. Juli eine Rede halten, in der er versichert: »Wir werden auch in Zukunft die Ideale der Französischen Revolution hochhalten: Freiheit der Finanzmärkte, Gleichheit der Ware Arbeitskraft und Brüderlichkeit bei den Preisabsprachen!« – Wären die Zeitungen nicht voll mit Kommentaren und Kritik an der Verballhornung großer historischer Ideen? Aber die Verballhornung der Europäischen Idee ist mittlerweile so sehr Gemeingut geworden, dass Van Rompuys Rede niemanden mehr interessierte.

Gleichzeitig aber taucht in den Zeitungen immer wieder die Frage auf, wo denn »die Intellektuellen« seien, warum sie sich nicht oder kaum zu Wort meldeten in der europapolitischen Debatte. Das ist in der Tat auffällig: Nicht einmal jene Künstler, die sich in der Vergangenheit immer wieder kritisch zu gesellschaftlichen und politischen Fragen geäußert und Diskussionen angestoßen haben, bringen sich heute in die wichtigste Debatte unserer Lebenszeit ein. Warum ist das so?

Ich glaube, es gibt dafür eine ganz einfache Erklärung: Was ist denn ein sogenannter Intellektueller (einmal davon abgesehen, dass dieser Begriff in Österreich geradezu als Beleidigung gebraucht wird)? Ein Intellektueller ist ein Mensch, der nicht nur die Zeitungen, sondern auch noch ein paar Bücher gelesen hat, durch die er in Hinblick auf Kunst, Gesellschaft, Politik etc. einige grundlegende Dinge gelernt hat. Mit diesen Büchern im Kopf konnten die Intellektuellen jederzeit etwas in den öffentlichen Diskurs einspeisen, das im Rauschen der täglichen Informationen eine singuläre, daher auffällige, und doch vernünftig verallgemeinerbare Position bezog. Aber all das, was die Intellektuellen gemeinhin gelesen, worüber sie sich intellektuell entwickelt haben, funktioniert in Hinblick auf das Europäische Projekt nicht mehr. Was Europa betrifft, haben sie auch nur, wie alle anderen, die Zeitungen gelesen – was auch sonst? Und wenn sie sich doch einmal über »Brüssel«

äußern, reproduzieren sie nur die Ressentiments des Publikums, mit feinerer Sprache, aber nicht einmal mit feinerer Klinge. Alle Kategorien, die ihnen, die uns zur Verfügung stehen, stimmen in Hinblick auf das Europäische Projekt nicht mehr. Zum Beispiel »Demokratie«. Ab und zu beklagt ein kritischer Geist die »demokratiepolitischen Defizite« der Europäischen Union, das »Versickern der Demokratie« in den europäischen Institutionen. Aber unausgesprochen und unreflektiert reden wir dabei von nationalstaatlicher Demokratie, wir haben keinen anderen Begriff als diesen, den wir gewohnt sind, keine andere Vorstellung von Demokratie als die, die das bezeichnet, was uns geschenkt wurde, was wir irgendwie eingeübt haben, und was tatsächlich versickert. Dabei müssten wir über nachnationale Demokratie diskutieren, über ein völlig neues Demokratiemodell, das wir entwickeln müssen, so wie die Nationsgründer das ihre entwickelt hatten. Aber wir haben noch keinen Begriff davon.

Und es gibt einen zweiten Grund, warum Intellektuelle heute weitgehend schweigen. Begriffe wie »Vision« oder »Utopie« sind im Gleichschritt mit dem Niedergang unserer Bildungsinstitutionen in Verruf geraten. Es waren zwar nachweislich Pragmatiker, die die gegenwärtige Krise produziert und verschärft haben, aber umso mehr wird jetzt von den Pragmatikern auch die Lösung der Krise bei Gefahr des Zusammenbruchs Europas erwartet, während Visionäre, auch wenn sie die besseren Argumente haben, als Spinner verhöhnt werden.

Deshalb kann man sich heute Folgendes leider nicht mehr vorstellen: Es war einmal ein französischer Außenminister, Robert Schuman, ein hochgebildeter und polyglotter Mann, ausgezeichnet nicht nur durch die klassischen diplomatischen Fähigkeiten wie Perfektion im Small-Talk und beste Tischmanieren, sondern auch politisch erfahren und bestens vernetzt.

Und es gab einen Abenteurer und Phantasten, Jean Monnet, ein Lebenskünstler mit Visionen, ein Intellektueller mit Lebenserfahrung, er sah das Europa, das in Trümmern lag, und er sah ein Bild von einem völlig neuen, schönen, reichen, freien und friedlichen Europa, er war genau der Typ, der heute auf einem Sofa liegen würde, weil es Zeiten gibt, in denen Träume ein gesellschaftlicher Motor sind, und Zeiten, in denen Träume so davonschweben wie Rauchkringel, die man zur Decke bläst. Aber damals hörte Schuman Monnet zu – und er sagte: »Très bien! Deine Träume und meine politischen Möglichkeiten. Deine Vision und mein Name! Das ist ein Plan!«

Und so hat mit dem Schuman-Plan alles begonnen. Mit einem Außenminister, der nicht bloß in Zeiten vor einer Wahl den Stammtischen sein Ohr leiht, sondern einem Visionär zuhört.

Wenn ich an diese Geschichte erinnere, meine ich damit nicht, dass ich es als mein Verhängnis betrachte, Österreicher zu sein, mit dem Außenminister, den wir hier eben haben.

Ich wollte nur grundsätzlich daran erinnern, dass wir, wenn wir die Zukunft gewinnen wollen, nicht nur neue Kategorien für das Neue entwickeln, sondern auch einiges rekonstruieren und rehabilitieren müssen: den Utopie-Begriff und den Vernunftgrund des Weges, den wir seit sechzig Jahren gegangen sind.

Es ist vielleicht ein Missverständnis, dass ich einen Preis für ein Buch erhalte, das ich gar nicht schreiben wollte, weil ich ein anderes schreiben wollte. Andererseits habe ich damit Missverständnisse ausgeräumt, denen ich selbst anhing, weil ich es nicht besser wusste, das Missverständnis zum Beispiel, dass ich schon deshalb meinem Anspruch genüge, ein neugieriger, informierter Zeitgenosse zu sein, weil ich täglich stundenlang Zeitung lese.

Es gibt nichts Schöneres!

Die Zeitungen werden nicht sterben. Aber es wäre hilfreich, wenn sie sich abseits von Fußball und Wetterkarte befreien würden von dem, was sterben wird: nämlich die Fiktion »nationales Interesse«.

Vielleicht ist der Kerl, der da auf dem Sofa liegt, ein Spinner. Lassen wir ihn in Ruhe. Am sympathischsten an ihm ist vielleicht sein Hang zur Schwermut. Ja, geben wir ihm einen Trostpreis und lassen wir ihn in Ruhe. Aber was sehe ich da? Er steht auf. Und da steht er. Hier, vor Ihnen. Ich lasse Sie nicht in Ruhe!

Heimat ist die schönste Utopie

Sehr geehrte Damen und Herren!

Wir befinden uns heute in einer sehr schwierigen Situation, wir stehen vor der großen Herausforderung, eine Krise zu meistern, die so komplex ist, dass die alten Antworten auf die neuen Fragen nicht mehr weiterhelfen.

Ich sah jetzt da, da und auch dort einige nicken. Warum nicken Sie? Das war doch ein Allerweltssatz, der zunächst nichts bedeutet, und es ist keine Entschuldigung, dass der Satz natürlich auch nicht falsch ist.

Zwischen dem Ja zu einer Floskel und dem Ja zu einer Einsicht liegt eine Welt, es ist diese Welt, die wir gestalten müssen, und wir werden es nicht können, wenn wir nicken, noch bevor wir eine Idee gehabt haben.

Sehen Sie, das ist das Problem der öffentlichen Rede, und Sie selbst kennen es nur zu gut.

Sie alle hier standen schon oft an einem solchen Pult, um vor Publikum zu reden, vor den anderen Abgeordneten im Landtag oder vor Wählern, und ich gehe davon aus, dass Sie alle daher über einige Erfahrung verfügen, was öffentliches Reden betrifft – und doch stelle ich mir vor, dass sehr viele von Ihnen, trotz aller Routine, sich schon gedacht haben: Es ist eigentlich verdammt schwer, eine wirklich gute Rede zu halten – eine, bei der Zustimmung und Widerspruch nicht gleich von Anfang an feststehen.

Sie haben Überzeugungen, für die Sie einstehen, und in Ihren Reden versuchen Sie, diese glaubwürdig zu vertreten. Aber würde das für eine gute Rede genügen, dann gäbe es eine unüberschaubar große Anzahl von guten Reden. Wir wissen allerdings, dass das nicht der Fall ist. Es ist eine Sache, eine

Überzeugung zu vertreten, und eine ganz andere ist es, jemanden zu überzeugen. Aus diesem Grund glaube ich – ohne Ihnen etwas unterstellen zu wollen –, dass es Ihre Erfahrung ist, dass Sie als Redner in der Regel wenig mehr tun wollen, als einmal mehr die bereits Überzeugten zu überzeugen, also Ihrer Klientel sozusagen ein Signal von Repräsentanz zu geben, ohne dass Bewegung im gesellschaftlichen Diskurs insgesamt entstünde, und das ist so, auch wenn es heute zum Beispiel viel mehr Wechselwähler gibt als früher – die Wechselwähler wechseln ja nicht ihre Überzeugungen, sondern nur die Partei, die sie wählen.

Und umgekehrt – wie gesagt, ich will Ihnen nichts unterstellen – ist eine Rede, der Sie zuhören, dann gut, wenn Sie dazu nicken können. Ich glaube, dass Sie sich das auch schon selbst einmal gedacht haben, und wenn nicht, dann schlage ich Ihnen vor, dass Sie das für sich einmal überprüfen.

Nun will ich aber keine Rede halten, bei der Sie unausgesetzt automatisch nicken können. Wozu sollte das gut sein, hier und heute und grundsätzlich? Ich glaube auch nicht, dass Sie das von mir erwarten. Allerdings erwarte ich doch von Ihnen, nein, von mir selbst, dass Sie mir am Ende zustimmen.

Wie macht man das? Es gibt rhetorische Tricks, Techniken, Kniffe – und die sind, das können Sie mir glauben, komplexer, intelligenter und hinterhältiger, als alles, was man Ihnen sagt, wenn Sie sich coachen lassen. Man kann diese Techniken der Rhetorik studieren und dann bewusst einsetzen, man kann ein Team ausgefuchster Ghostwriter haben, man kann das rhetorische Originalgenie sein, das instinktiv in die Tastatur der Möglichkeiten greift und eine Sinfonie der Überzeugung produziert – aber was beweist das? Am Ende nur dies: dass die Wirksamkeit einer Rede in der Regel von rhetorischen Tricks abhängt, völlig unabhängig davon, ob der Redner das Publikum zum Licht oder hinters Licht führt.

Der bedeutende deutsche Professor für Rhetorik, Walter Jens, sagte einmal sinngemäß: Wenn man die großen historischen Reden studiert, die gesellschaftlich wirksam wurden, dann sieht man, dass Wahrheit und Lüge, Vernunft und Wahnsinn auf denselben Tricks fußen. Eine gute Rede, sagte er, muss also nicht unbedingt eine gute Rede sein. Eine große Rede beweist zunächst nichts anderes als die Wirksamkeit rhetorischer Techniken.

Es ist also weder Bescheidenheit noch Unfähigkeit, wenn ich nun also gleich vorausschicke, dass ich keine gute, keine große Rede halten kann und will. Ich möchte Ihnen einfach ein paar Dinge sagen, und ich halte sie für so naheliegend, auch wenn Sie das vielleicht bisher nicht so gesehen haben, dass es möglich sein muss, Sie zu überzeugen und – wie Sie hoffentlich sehen werden – in Ihrer Arbeit zu bestärken, ohne dass ich rhetorische Tricks und Kniffe verwende. Ich will also statt einer guten Rede bloß ein paar Gedanken liefern – die erst dann wirksam werden, dann allerdings wirklich wirksam werden können, wenn Sie, meine Damen und Herren, sie aufgreifen und in Ihren Reden und in den Auseinandersetzungen, die Sie kraft Ihres Amtes führen müssen, einsetzen, wenn Sie sie also zu Ihren Gedanken machen, sie weiterdenken und vertreten.

Das ist ein Vorschlag. Noch müssen Sie nicht nicken!

Wovon müssen wir ausgehen?

Wir befinden uns heute in einer sehr schwierigen Situation, wir stehen vor der großen Herausforderung, eine Krise zu meistern, die so komplex ist, dass die alten Antworten auf die neuen Fragen nicht mehr weiterhelfen.

Natürlich war dieser eingangs bereits gesagte Satz nicht falsch, jetzt aber können wir ihn ohne weitere Phrasen und ohne alle Rhetorik weiter abhandeln.

Worin besteht die Krise? Woran immer Sie denken, Sie haben Recht. Was bedeutet das? Das bedeutet, dass es sich um eine grundsätzliche Krise handelt, durch die alles in Frage gestellt ist, was wir kennen. Das bedeutet vor allem auch, dass es wenig hilfreich ist, in gewohnten Mustern zu verharren und so weiterzumachen, wie Sie es immer gemacht haben. Ich spreche Sie jetzt ganz konkret in Ihrer Funktion als Landtagsabgeordnete an. Sie haben gewisse Aufgaben, Sie kennen die Verfahren und Techniken, mit denen Sie Ihre Aufgaben abarbeiten, oder Ihre Probleme aussitzen, und ich meine es auch nicht ehrenrührig, wenn ich sage, dass Sie natürlich wissen, wie Sie sich und Ihr Amt in die nächste Legislaturperiode hinüber retten können. Wir haben das schon angesprochen: die Überzeugung und die Klientel.

Wie gesagt: Jetzt müssen Sie nicht nicken.

Sie sind Teil eines Systems, das Sie kennen, das wiederum Teil eines Systems ist, das Teil eines Systems ist und so weiter – und so kommen wir auf eine globale Ebene. Was ich damit sagen möchte, ist: Sie sind Teil der Krise, und irgendwie wissen Sie das natürlich, *aber*: Sie sind auch der gewichtige Teil der Lösung – und es ist erstaunlich, dass Sie das offenbar nicht wissen!

Wenn wir die Krise eingrenzen und konkreter benennen, dann sprechen wir doch zunächst wohl, und da stimmen Sie mir sicher zu, von einer europäischen Krise, das heißt, von einer Krise der Verfasstheit und der politischen Organisation der Europäischen Union. Diese Krise hat verschiedene Namen, die immer dasselbe bezeichnen: Finanzkrise, Währungskrise, Schuldenkrise, Verfassungskrise, Krise der Institutionen, politische Krise. Sie aber, meine Damen und Herren, halten das für eine Außenwelt, für etwas, das von außen übermächtig hineinwirkt in Ihren Verantwortungsbereich, statt zu sehen, dass diese vermeintliche Außenwelt das ureigene Feld gerade Ihrer politischen Verantwortung ist.

Sie können mir jetzt widersprechen, ich finde das gut – aber dann antworte ich Ihnen: Wenn Sie es doch sehen, dann machen Sie es zumindest nicht sichtbar.

Wie auch immer – ich möchte mich an diesem Punkt mit Ihnen zunächst einmal dahingehend verständigen, dass wir es mit einer europäischen Krise zu tun haben, die wesentlich eine politische Krise ist, schon deshalb, weil die politischen Anstrengungen der letzten Jahre nicht geeignet waren, diese Krise in den Griff zu bekommen.

Und bevor ich Ihnen dahingehend Mut mache, dass es just Ihre Aufgabe, Ihre Verantwortung ist, aus dieser Krise herauszufinden, möchte ich Ihnen ganz kurz – und wie ich hoffe: schlüssig – vorführen, worin die Krise besteht und warum sie so dramatisch werden konnte.

Das hat meines Erachtens drei Gründe:

Erstens: Es wurde vergessen, was Sinn und Absicht des Europäischen Projekts waren.

Zweitens: Man setzt sich heute mit Symptomen der Krise auseinander, ohne die Krise grundsätzlich zu analysieren.

Und drittens: Es gibt keine Vorstellung, keine verbindliche Idee mehr davon, wohin das Europäische Projekt schließlich führen soll, keine Perspektive, kein Ziel.

Erstens: Das Europäische Projekt entstand als Reaktion auf die Erfahrungen, die mit dem Nationalismus und den Kriegen zwischen verfeindeten Nationen gemacht wurden. Der Nationalismus hat immer wieder diesen Kontinent in Schutt und Asche gelegt und schließlich zum größten Menschheitsverbrechen, zu Auschwitz, geführt. Das »Friedensprojekt Europa« wird zwar regelmäßig bei Sonntagsreden im Munde geführt, und wurde schließlich jetzt auch mit dem Friedensnobelpreis ausgezeichnet. Aber man hat vergessen, wie es gedacht war: Wenn es also der Nationalismus war, der immer wieder zu Kriegen und Verbrechen geführt hat, dann kann nachhaltiger Friede in Europa nicht durch Friedensverträge zwischen Nationen (die bekanntlich immer wieder gebrochen wurden) hergestellt werden, sondern nur durch eine Überwindung des Nationalismus, das heißt, durch ein Zurückdrängen der Macht der Nationalstaaten, durch eine Politik, die die Nationen zwingt, immer mehr Souveränitätsrechte an supranationale Institutionen abzugeben, bis die Nationen schließlich absterben. Das »Friedensprojekt« ist nur ein Teil der Geschichte. Denn im Ganzen geht es um die Überwindung des Nationalismus, indem man ihn an seiner Wurzel packt, und das ist der souveräne Nationalstaat. Es ist erstaunlich, dass dies in Vergessenheit geraten konnte, nachdem der Prozess schon relativ weit vorangeschritten ist.

Zweitens: der Status quo, die gegenwärtige Krise. Wenn man sie analysiert, zeigt sich, dass sie kein Problem der Vergemeinschaftung Europas ist, sondern im Gegenteil, ein Problem der Renationalisierung, ein Produkt des Widerstands einzelner Nationen gegen die Vergemeinschaftung. Nicht die europäische Idee hat diese Krise produziert, sondern der Widerstand gegen die europäische Idee. Die Krise ist ein Produkt des Widerspruchs zwischen der stattgefundenen nachnationalen Entwicklung und der wieder aggressiv werdenden Verteidigung sogenannter nationaler Interessen. Letztlich ist es also die Unfähigkeit oder der Unwille, ein europäisches Problem europäisch zu lösen, solange man es auch als nationales Problem ansehen kann. Jedes Problem, das in Europa auftaucht, wird sofort einer Nation zugeschrieben, die dann schuld an diesem Problem ist. Und diese Nation wird gezwungen, das Problem, das eigentlich ein europäisches ist und als solches leicht gelöst werden könnte, in einer nationalen Kraftanstrengung alleine zu lösen, etwa durch nationale Austerity-Politik, gegen die dann die Menschen, die dadurch in die Misere gestoßen werden, zu Recht auf die Straße gehen. Auch Rettungsschirm- und Hilfsgelder für diese Nationen sind deshalb wirkungslos, weil kein supranationales Problem mehr national gelöst werden kann, schon gar nicht, wenn es eine Gemeinschaft gibt, in der ein Teil der Gemeinschaft die Gemeinschaft als repressive Macht von außen erlebt. Hier sehen wir mit aller Deutlichkeit, wenn wir es denn sehen wollen, dass die Überwindung des Nationalismus nicht nur ein schönes Ideal im Licht der Geschichte ist, sondern eine bleibende Herausforderung unserer Zeitgenossenschaft.

Und drittens: die perspektivische Blindheit. Es sind nationale politische Eliten, die die gegenwärtige Krise zu managen versuchen, die Staats- und Regierungschefs im Europäischen Rat, und dort vor allem die der sogenannten großen Nationalstaaten, die zur Verteidigung ihrer nationalen Interessen eine Führungsrolle in der Gemeinschaft für sich beanspruchen. Aber es ist evident, dass sie keine Vorstellung davon haben, worauf ihr Krisenmanagement hinauslaufen, wie das Europa von morgen aussehen soll. Wo wollen wir hin? Jeder, der politische Verantwortung hat, weiß oder sollte wissen, dass es unmöglich ist, eine vernünftige, nachhaltig wirksame Entscheidung zu treffen, wenn man keine Vorstellung davon hat, worauf man schließlich hinaus will. Geschichtsblindheit ist ein Problem, Zukunftsblindheit ein noch größeres. So wird heute der Euro gerettet, und morgen wird wieder heute der Euro gerettet, und übermorgen, mit noch größerer Anstrengung, wird wieder heute der Euro gerettet. Nachhaltige Politik ist aber nur möglich, wenn man eine Perspektive hat, ein Ziel, und sei es noch so fern, heute pragmatisch noch so unrealistisch. Dass etwas morgen noch nicht pragmatisch durchsetzbar ist, ist ein geringeres Problem als das Fehlen jeglicher Perspektive.

Das alles ist natürlich sehr verkürzt, man kann und muss

zur Beschreibung und Analyse der Krise sehr viel länger referieren und diskutieren, aber ich hoffe, dass ich Sie doch zu diesem Punkt mitnehmen konnte, und Sie dem also zustimmen können: Es ging um die Überwindung des Nationalismus, und wir sind auf diesem Weg so weit gekommen, dass keine Nation mehr ein Problem alleine lösen kann. Nun haben wir heute ein Problem, das wesentlich durch Renationalisierung entsteht, durch eine Dynamik, die anfallende Probleme in der Gemeinschaft wieder einzelnen Nationen zuschreibt, ohne dass diese mehr die Souveränität und die entsprechenden politischen Mittel haben, um die Probleme lösen zu können. Wir können diesen Widerspruch, also diese Krise, nicht lösen, wenn wir uns nicht darauf besinnen, worauf wir eigentlich hinauswollten, um unsere politische Arbeit darauf auszurichten und politische Entscheidungen in Hinblick auf eine wünschenswerte Zukunft zu treffen.

Wenn wir das alles zusammendenken, dann sehen wir plötzlich Sie, meine Damen und Herren, dann sehen wir Sie, die Abgeordneten der Länderparlamente, im Zentrum des Geschehens – aber nicht als Teil des Problems, sondern als Teil der Lösung. Dessen müssen Sie sich gewahr werden, und das ist in Wahrheit die politische Verantwortung, die Sie nun übernehmen müssen.

Ich verstehe, dass Sie jetzt noch nicht dazu nicken können. Und ich will in der gebotenen Kürze der verbleibenden Redezeit versuchen, Ihnen das klarer vor Augen zu stellen.

Die Grundidee der EU, die Überwindung der Nationalstaaten, entmachtet die nationale Politik, sie entmachtet nach und nach die nationalen Parlamente, sie stellt letztendlich alles in Frage, was nationale Repräsentanz bedeutet. Wie klar oder wie verdrängt das auch ist, das ist die Dynamik des Prozesses, der immerhin schon sechzig Jahre währt. Dagegen gibt es Widerstand, von jenen, die ihr Amt und ihre Legitimation nur national, also bundespolitisch organisieren können, und es gibt den Widerstand von jenen, die politisches Heil nur in nationaler Souveränität sehen wollen – das ist verständlich, jedenfalls produziert dieser Widerstand jene Widersprüche, deren Symptome wir heute als Krise bezeichnen. Zugleich ist es keineswegs so, dass wir nicht wissen, worauf diese Dynamik hinauslaufen kann und soll. Was bleibt nach dem wünschenswerten Absterben der Nationen, wie kann ein nachnationales Europa aussehen? Die Gründerväter des Europäischen Projekts wussten das – und ich empfehle dazu die Lektüre der Memoiren von Jean Monnet –, und ihre Vision ist heute noch im vorläufigen europäischen Verfassungsvertrag, dem Vertrag von Lissabon, enthalten, in jenem Abschnitt, der ein Europa der Regionen verspricht und das Subsidiaritätsprinzip als Grundlage der politischen Organisation Europas festschreibt. Das heißt, dass die Nationen tunlichst absterben, und dass ein nachnationales Europa schließlich aus einer freien Assoziation von Regionen bestehen wird, die – auf der Basis von gemeinsamen Rahmenbedingungen, die von den supranationalen Institutionen in Brüssel entwickelt und gehütet werden – eine wirkliche Demokratie der Bürger an ihrem jeweiligen Lebensort entfalten wird.

Sehr geehrte Damen und Herren, große Reden, sagt man, können die Welt verändern. Das hat, wenn man die Geschichte berühmter Reden studiert, nie gestimmt. Wahr ist, dass große Reden die Gestimmtheit oder die Sehnsucht der Öffentlichkeit in einer Formel verdichteten, die gleichsam als Ersatz für die unmittelbare Befriedigung der Bedürfnisse funktionierte und den Menschen über ihre Enttäuschungen und Probleme hinweg Hoffnung gab, bis irgendwann aus vielen anderen Gründen vielleicht die Zeit reif war. Aber eine Rede über Europa, über das Projekt Europa der Regionen, kann nie zu so einer rhetorischen Formel führen, die Ihre Einsicht in Ihre politische Verantwortung und die Sehnsucht der Menschen tröstend ersetzt. Eine solche Rede ist auch nicht notwendig, denn Sie, meine Damen und Herren, können schon morgen, kraft Ihres Amtes, beginnen, das umzusetzen und zu erkämpfen, was uns heute noch als bloßer Traum erscheint. Denn unsere Utopie ist bereits als konkrete Möglichkeit politische Realität – aus einem einfachen Grund: Sie haben nicht nur die mächtige europäische Idee, Sie haben auch die europäische Verfassung auf Ihrer Seite. Sie müssen nichts anderes tun, als darauf zu bestehen. Sie müssen sich diese Realität nur klar machen:

Als Landtagsabgeordnete obliegt Ihnen die Gesetzgebung in jenem Bereich, der europapolitisch als Region bezeichnet wird. Nach Artikel 15, Absatz 1 des Bundesverfassungsgesetzes sind Ihnen allerdings alle Agenden entzogen, die ausdrücklich dem Bund übertragen sind. Diese Liste der Ausnahmen, bei denen die Gesetzgebung ausschließlich dem Bund zusteht, ist sehr umfassend. Ich stelle mir vor, dass Sie darunter leiden. Sie wollen gestalten – ich stelle mir das so vor, aber vielleicht phantasiere ich nur … aber schön langsam möchte ich, dass Sie nicken … –, und da gibt es eine Zentrale, die Ihre Gestaltungsmöglichkeiten per Verfassung beschränkt. Diese nationale Verfassung – und ich hoffe, dass Ihnen das bereits aufgefallen ist, jedenfalls muss ich Ihnen diesen Hinweis geben – gerät in immer stärkeren Widerspruch zu der supranationalen, der europäischen Verfassung. Und in dem Maße, in dem der Nationalrat Souveränitätsrechte an Brüssel abgibt, in dem Maße haben Sie die Möglichkeit und die Pflicht, Souveränitätsrechte nach dem Subsidiaritätsprinzip zurückzufordern. Denn dies ist uns versprochen, verbrieft und besiegelt, und dies entspricht den Lehren, die wir aus einer mörderischen Geschichte gezogen haben, die geprägt war von der Idee und der Dynamik des Nationalismus: das Europa der Regionen, als Ausgang der Europäer aus politischen Verblendungs-zusammenhängen.

Ich stelle Ihnen, nur damit das definitiv klar ist, noch eine rhetorische Frage: Haben Sie in erster Linie eine nationale Identität, brauchen Sie eine? Ist das, was wir Identität nennen, wenn wir sie in Zeiten multipler Identitäten und eines sich variantenreich entfaltenden Individualismus schon definieren wollen, nicht vor allem und wesentlich in der Region verwurzelt? In der Region, in der man aufgewachsen ist, sozialisiert wurde, der man sein Heimatgefühl verdankt, wo man Gerüche und Farben und Geschmack inniger erlebt, Tonfälle und soziale Codes besser versteht, wo man gnadenloser und zugleich sentimentaler ist als an jedem anderen Ort der Welt? Ist nicht die Region der Ort, wo man sich einmischen will, und wo man zugleich seine Ruhe sucht, wo man Verantwortung übernimmt, wie Sie meine Damen und Herren, und wo man denjenigen kennt, an den man Verantwortung delegiert? Und wenn man hinaus will in die Welt und wenn man begreift, dass der kürzeste Weg zu sich selbst einmal um die Welt führt, wo will man ankommen? Heimat ist ein Menschenrecht, Nation nicht. Heimat ist konkret, Nation ist abstrakt. Nationen haben sich bekriegt, Regionen haben gelitten, sich verbündet, immer wieder ihre Eigenheiten bewahrt, Regionen sind die Herzwurzel der Identität. Regionen hat es vor den Nationsbildungen gegeben, und die freie Assoziation der Regionen ist die konkrete und sinnige Utopie des nachnationalen Europas.

Sie, sehr geehrte Damen und Herren, als Abgeordnete der Länderparlamente, sind die heutigen Repräsentanten des Europas von morgen, und ich wünsche mir, dass Sie sich das klarmachen. Ich wünsche mir, dass Sie jetzt langsam beginnen zu nicken, und ich wünsche mir, dass Sie aufstampfen und das klarmachen, und dass Sie auf der Basis des europäischen Verfassungsvertrags von Lissabon, auf der Basis des Subsidiaritätsprinzips und der historischen Vernunft Ihre politische Verantwortung wahrnehmen, das heißt: offensiv ausbauen. Das heißt auch, dass Sie zum Beispiel dies klarstellen: dass es absurd ist, in einem Prozess des zunehmenden Souveränitätsverlusts der Nationalstaaten regionale Strukturen und regionale Rechte unter dem Titel Bundesreform an nationale Instanzen abzutreten, die dem Untergang geweiht sind. Ich wünsche mir, dass Sie deutlicher, als ich es bisher gesehen habe, für eine lebendige Demokratie eintreten, dort, wo Sie, meine Damen und Herren, die Realität kennen, und dort, wo die Menschen Sie kennen. Ich wünsche mir, dass Sie das klarmachen: Ein Europa der Nationalstaaten kann nicht mehr funktionieren, ein Europa als Superstaat wird nicht funktionieren (und war übrigens auch nie das Ziel). Aber Europa wird groß sein, wenn es als Verband der kleinen Einheiten funktioniert, die Sie schon heute repräsentieren, als Europa der Regionen.

Sie sind die Zukunft, meine Damen und Herren, und nun will ich und fordere ich, dass Sie nicken, und was immer wir noch ausdiskutieren müssen – und das ist eine Menge: wie eine nachnationale Demokratie am Ende aussehen soll, wie wir Regionen europaweit politisch konkret definieren, wie wir die Kompetenzen nationaler Institutionen in supranationalen Institutionen aufheben –, wir müssen es auf der Basis Ihres Selbstbewusstseins diskutieren, auf der Basis Ihrer Einsicht in Ihre Verantwortung, die weit über das hinausgeht, was Sie bisher aus Gewohnheit unter Ihrem Amt verstanden haben.

Denken Sie an die drei Punkte: Was war der Sinn, die Idee des Europäischen Projekts? Das nachnationale Europa. Was ist der Grund für die Krise? Der unproduktive Widerspruch zwischen nachnationaler Entwicklung und der Verteidigung nationaler Interessen. Und worauf soll das Ganze hinaus, was ist die konkrete Utopie? Das Europa der Regionen!

Ich hätte gerne eine große Rede gehalten mit allen rhetorischen Tricks. Aber ich konnte das nicht. Europa verträgt keine Tricks mehr. Ich hoffe, dass ich Ihnen ein paar Gedanken liefern konnte, mit denen Sie, als Abgeordnete und Repräsentanten Ihrer Regionen, Ihre Reden, die Sie schon morgen und immer wieder halten werden müssen, offensiv und produktiv ausstatten können – *Sie* müssen reden, Sie müssen immer wieder reden, und Sie müssen uns alle, auch mich, in Zukunft von der Zukunft überzeugen.

Und wenn jemand sagt: »Wir befinden uns heute in einer sehr schwierigen Situation, wir stehen vor der großen Herausforderung, eine Krise zu meistern, die so komplex ist, dass die alten Antworten auf die neuen Fragen nicht mehr weiterhelfen« – dann nicken Sie und geben Sie die Antwort!

Die Heimat als Schweiz

Sehr geehrte Damen und Herren!

Jedes Mal, wenn ich nicht schreiben kann, beginne ich ein neues Tagebuch.

Nicht schreiben zu können ist keine gute Voraussetzung für das Schreiben, nicht einmal für das Schreiben eines Tagebuchs.

Selbstmitleid, Selbstbezichtigungen, Vorsätze: Wenn ich das alles weglasse – was bleibt dann?

Bessere Frage: Was soll bleiben?

Diese neue Mappe hat die fortlaufende Nummer 21. Aber ich habe nur noch drei Mappen in meinem Besitz. Zumindest finde ich nur noch drei. Ich habe den Großteil meiner Tagebücher vernichtet. Ich habe alle Tage gebucht, fast alle Erinnerungen storniert.

Insofern ist es schließlich keine Lüge, wenn ich jedes Mal die Frage, ob ich Tagebucheintragungen mache, verneine.

Als Student hatte ich eine Freundin, die mir, als wir uns trennten, ihr Tagebuch schenkte, mit den Worten: »Damit du siehst, wie es mir ging, während ich mit dir zusammen war!«

Ich habe es nie gelesen und irgendwann weggeworfen.

Warum soll ich Tagebuch schreiben, wenn mich erwiesenermaßen nicht einmal ein Tagebuch interessiert, in dem ich vorkomme?

Habe ich mich davor gefürchtet zu lesen, wie diese Freundin mich gesehen, was sie über mich gedacht hatte? Es war mühsam, ihre Handschrift zu entziffern. Heute würde ich ihr Tagebuch gerne lesen. Ich glaube, ich wäre gerührt. Von mir.

Reminiszenzen: Man erinnert sich ja an sonst nichts.

Das stimmt nicht. Man muss es sich nur bequem machen. Ich habe jetzt Holz in den Ofen geworfen, Feuer gemacht, mich in den Lehnsessel gesetzt – und erinnerte mich augenblicklich daran, wie ich als Student Descartes' *Meditationen* gelesen hatte. Genau diese Situation: diesen Ofen geheizt, in diesem Sessel gesessen. In den Ferien bei meiner Großmutter mütterlicherseits in Niederösterreich, deren Haus ich dann geerbt habe. Und wo ich jetzt bin.

Man will es sich bequem machen, um lesen und schreiben zu können – dann liest man in der Zeitung, man sei »ein Unbequemer«!

Vor Jahren habe ich Walter Kempowski kennengelernt. In Frankfurt, während der Buchmesse. Wir wurden einander vorgestellt, und er fragte mich sofort, ob ich ein Tagebuch führe, ein Schriftsteller müsse ein Tagebuch führen, man sei kein Schriftsteller, wenn man kein Tagebuch führe. Mich irritierte, dass er ununterbrochen das Verbum »führen« in Zusammenhang mit Schreiben verwendete. Ich antwortete: »Ich will erst lernen, ein Leben zu führen.«

Ich habe damals keinen Eintrag in mein Tagebuch gemacht, zumindest finde ich es nicht mehr, aber bis heute erinnere ich mich an seine großen traurigen Augen hinter seinen Brillengläsern.

Ich finde ein Tagebuch aus dem Jahr 1984. Darin ein Eintrag, dass ich einen Band der Tagebücher von Thomas Mann zu lesen begonnen und diese Lektüre bald wieder abgebrochen habe. Nach einem Konzertbesuch hatte Thomas Mann notiert: »Publikum war begeistert, ich teilweise angetan.« Nach diesem Satz hatte ich nicht mehr weiterlesen können.

Ich lese in den Tagebüchern von Max Frisch. Immer wieder. In manchen Momenten habe ich das Gefühl, ich hätte diese Tagebücher selbst geschrieben. Max Frisch schreibt nicht kokett *für*, sondern *mit* dem Leser. Nicht mit dem repräsentativen Gestus von Thomas Mann, sondern mit dem Anspruch, gemeinsame Gedanken herzustellen. Diese, und nicht der große Gestus des Autors, sind repräsentativ für die Gesellschaft. So vieles ist fragwürdig. Max Frisch bringt die Leser dazu, sich den Fragen zu stellen. Die Antworten fließen in den Text ein. Die Leser als Co-Autoren. Wir alle.

Ich vermerke bei den Eintragungen kein Datum mehr. Datum – wozu? Ist ein Gedanke, eine Beobachtung, ein Erlebnis es wert, dass ich mich daran erinnere, dass es also bleibt, wozu das Datum? Es gibt kein Datum, das das Bleibende umfasst. Höchstens das Ablaufdatum. Aber kann man so Tagebuch führen – bei jedem Eintrag den Vermerk: »Mindestens haltbar bis …«

Solange ein Leben am Ende auf einen Namen, zwei Zahlen und einen Strich dazwischen reduziert werden kann, leben wir nicht in einer Informationsgesellschaft. Nur die Dichter finden ihre ewige Ruhe in Bibliotheken.

Soeben ist das lange gesperrt gewesene *Berliner Journal* von Max Frisch in Auszügen erschienen. Bei der Lektüre sind plötzlich wieder die Maßstäbe da, Maßstäbe für eine schriftstellerische Existenz.

Es geht darum, für etwas einzustehen, es geht um eine Haltung, die mehr ist als die Wirksamkeit eines Buchs. Selbstzweifel als Voraussetzung …

Genau in dieser Zeit, als er in Berlin lebte und das *Berliner Journal* schrieb, wurde ihm der große Schiller-Preis der schweizerischen Schiller-Stiftung zugesprochen. Der Festakt fand im Zürcher Schauspielhaus statt. Anschließend Essen auf Einladung der Stadt Zürich im Muraltengut. In seiner Dankesrede, die kontrovers aufgenommen und schließlich berühmt wurde, sprach er über »Die Schweiz als Heimat«.

Ein dreiviertel Jahr davor hatte er noch in seinem Berliner Tagebuch notiert: »Die Heimat beschäftigt mich nicht, weder als Objekt der Kritik noch als Objekt privater Erinnerung.«

Das ist typisch für Heimatliebe: dass man sich dies an anderen Lebensorten vorsagt, beziehungsweise vorschreibt.

Auf YouTube Max Frischs Rede »Die Schweiz als Heimat«. Eine wunderbare Rede. Aber es ist deutlich: Der große Max Frisch sehr unsicher. Er ist erleichtert, wenn es ab und zu einen Lacher gibt. Dann hält er inne und atmet durch, befeuchtet seine Lippen. Am Schluss großer Applaus. Erst danach war es ein Skandal. Er notiert in sein Tagebuch einen »Ausspruch zwischen zwei Herren (wahrscheinlich von der hohen Behörde) im Muraltengut: ›Wenn es wenigstens revolutionär wäre, was er sagt, so könnte man etwas dagegen machen, es ist aber nur nihilistisch‹«.

Worin bestand der Skandal? Max Frisch hat Fragen gestellt. Wer ihn missverstand, glaubte, er habe die Heimat in Frage gestellt. Solange es Menschen gibt, die glauben, man dürfe die Heimat nicht in Frage stellen, so lange muss man die Heimat in Frage stellen.

Seit ich mich mit dem europäischen Einigungsprozess beschäftige, beschäftigt mich auch die Frage, was meine Heimat ist. Es ist nicht Österreich.

Mein Problem mit »Österreichischer Identität«: In der österreichischen Selbstdarstellung scheint es nur Kaiser oder Bergbauern zu geben. Die imperialen Kulissen der ehemaligen kaiserlichen Residenzstadt Wien, oder die Almen und Schihänge der »Alpenrepublik«. Alleine der Begriff »Alpenrepublik« macht mich trübsinnig. Gibt es ein Kompositum mit »-Republik«, mit dem deutlicher ausgedrückt wird, dass im Mittelpunkt der öffentlichen Angelegenheiten nicht die Menschen stehen? Berge. Ich habe nichts gegen das Landleben. Aber ich habe etwas gegen Berge, wenn sie zum Identifikationszwang für ein ganzes Staatsvolk, auch für die Städter, werden.

Der Berg als Metapher: Es ist schwierig hinaufzukommen. Oben ist es unwirtlich.

In Wien gibt es keine Berge. Aber in der Wiener Innenstadt gehen viele Bürger in Loden, Trachten und Dirndln. Höflich lüften sie ihre Steirerhüte. Stolz schwillt ihre Brust unterm Pfoadl. Ein städtisches Bürgertum, das sich über Anti-Urbanität definiert. »Stadtförster und Cityjäger« hat Anton Kuh sie genannt. Vor allem »Jäger« ist stimmig. Denn Österreich ist eine Jagdgesellschaft. Immer auf der Jagd nach Sündenböcken. Aber man hat sich fortgebildet und weiß jetzt: Man kann nicht jeden Bock gleich abknallen. Der gute Jäger ist ein Heger. Der Sündenbock muss groß werden. Aber wenn er am Ende erlegt ist, was notwendig ist zur Flurerhaltung, dann ist er eine Trophäe, zu der man verliebt aufblickt: ein Sechzehnender! Das ist das Mindeste.

Zum Beispiel Thomas Bernhard. So »unbequem« er gewesen sein mag, schließlich wurde auch er zum Stolz der Jäger. Dieselbe Nationalität – keine Gemeinsamkeit.

Ich habe heute Abend zu viel getrunken. (Max Frisch im Berliner Journal: ›Ich trinke zu viel‹!) Musste an Elfriede Jelinek denken. Schlaflos und enthemmt schrieb ich ihr eine Mail. Irgendetwas über Österreich und Depressionen. Ich bereute augenblicklich, dass ich auf Senden geklickt hatte. Nehme diese Fähigkeit zur sofortigen Reue als Zeichen, dass ich doch nicht zu viel getrunken habe. Elfriede Jelinek antwortet wenige Minuten später. Sehr freundlich und aufmunternd. Sie schreibt: »Wir leben in einer anderen Republik.« Ein Lebenszeichen. Das machte mich glücklich.

Österreich-Kritik ist so klischeehaft wie Österreich.

Aber ein Klischee kann nur entstehen, wenn es immer wieder durch die Realität beglaubigt wird.

Der Tod. An der Heimat. Für die Heimat.

FRAGEBOGEN

Wann wären Sie bereit für die Heimat zu sterben?

Um sie zu verteidigen?

Sind Sie sicher?

Definieren Sie den Begriff »Feinde der Heimat«. Tragen diese, nach Ihrer Definition, auf jeden Fall eine Soldatenuniform?

Würden Sie Ihr Leben einsetzen, damit die Heimat so bleibt, wie sie ist?

Oder würden Sie Ihr Leben einsetzen, um sie zum Besseren zu verändern?

Wenn ja: Wenn Ihnen Ihre Heimat nicht gut genug ist, warum empfinden Sie sie als Heimat?

Warum würden Sie lieber für Ihre Heimat sterben, als sie zu verlassen?

Worin besteht die Verbesserung, wenn Sie dafür sterben müssten?

In der pathetischen Intensität des Lebens vor dem Tod?

In Ihrem Nachleben?

Im besseren Leben Ihrer Nachkommen?

Haben Sie Kinder?

Verwenden Sie Ihren Kindern gegenüber den Begriff Heimat?

In welchen Situationen?

Warum bezeichnen Sie Menschen, die für ihre Heimat, aber nicht für Ihre Heimat, in den Tod gehen, als Terroristen?

Wegen ihres Fanatismus?

Bis zu welchem Punkt ist die Bereitschaft, für die Heimat sein Leben einzusetzen, nicht fanatisch?

Wären Sie bereit, in Ihrer Heimat für Grundprinzipien der Menschenrechte Ihr Leben einzusetzen?

Auch wenn Ihr Leben, oder gar Ihr Wohlleben, nicht bedroht wäre?

Es haben Menschen ihr Leben im Kampf gegen Zensur und für Pressefreiheit eingesetzt – glauben Sie, dass sie dies auch getan hätten, wenn sie gewusst hätten, dass am Ende die Freiheit von Bildzeitung, Kronenzeitung oder Blick herauskommt?

Die nachnationale Entwicklung (EU, und überhaupt Globalisierung) führt dazu, dass die Heimat kleiner und präziser wird. Meine Heimat ist nicht Österreich, sondern Niederösterreich und Wien. Prägungen, Erinnerungen, Tonfälle, Gerüche, Lichtverhältnisse, ein Verständnis von sozialen Codes – das alles schlägt eine Saite an, die im Guten wie im Schlechten, im Sentimentalen wie im Irritierenden und Widerborstigen nirgendwo so zum Klingen gebracht werden kann.

Im Netzwerk der grenzüberschreitenden Sprachräume und der vielfältigen Kulturen wird die kleinere Heimat zugleich größer und reicher. Als Begrenzungssystem dazwischen die Nation. Wer eine Nation braucht, ist nicht groß genug im Kleinen, und dennoch viel zu klein im Großen.

Ich erfahre, dass ich den Max-Frisch-Preis zugesprochen bekomme. Ich soll eine Dankesrede halten – im Zürcher Schauspielhaus, an dem Ort, wo Max Frisch, ungefähr in meinem Alter, seine Dankesrede »Die Schweiz als Heimat« gehalten hat. Danach Essen auf Einladung der Stadt Zürich im Muraltengut.

Max Frisch in seiner Rede »Die Schweiz als Heimat« über den Putsch in Chile 1973. Ich erinnere mich daran, dass ich mich damals zu meiner eigenen Überraschung mit geballter Faust demonstrieren sah. Ich bin ein schüchterner, verträumter junger Mann am Beginn eines Studiums der Philosophie gewesen. Ich habe Liebesgedichte geschrieben. Ich war nicht im Mindesten politisiert. Mein Verhältnis zu Politik bestand aus schlichter Dankbarkeit. Die Amerikaner haben uns vom Faschismus befreit, die Amerikaner haben uns Demokratie gebracht, und Fortschritt. Die Amerikaner wachen über die freie Welt, verteidigen die Demokratie. Meine Eltern und Großeltern und meine Lehrer in der Schule haben das verbürgt. Ich war übersensibel, errötete leicht, zum Gaudium meiner Mitschüler. Ich war kein Raufer und kein Kämpfer. Mein Vater sagte, wir leben in der besten aller Welten. Das haben wir den Amerikanern zu verdanken. Ich haderte nicht mit der Welt, sondern nur mit meiner Schüchternheit gegenüber Mädchen. Und da putschen die Amerikaner den frei gewählten Präsidenten eines souveränen Staats weg, ermorden ihn und setzen einen faschistischen Diktator an seine Stelle. Wenn man mir gesagt hätte, dass meine Eltern nicht meine richtigen Eltern sind, der Schock hätte nicht größer sein können.

Was sie gesagt hatten, hatte sich als Lüge erwiesen. Ich habe Steine auf die amerikanische Botschaft in Wien geworfen.

Max Frisch stellte die Frage, warum die Schweiz das faschistische Regime in Chile sofort anerkannt hatte. Und ob er von seiner Heimat, hier Synonym für Nation, nicht anderes hätte erwarten können. Wie wenig Menschen in ihrer Bequemlichkeit aufgeschreckt waren. Auch Österreich hatte die Faschisten sofort diplomatisch anerkannt. Wie wenig Menschen damals in Wien demonstriert hatten. Ich sah mich bei dieser Demonstration von außen. Das war nicht ich. So kannte ich mich nicht. Dann schlüpfte ich in mich hinein. Ich wurde ein anderer: Ich.

Ich gehöre einer anderen Generation an als Max Frisch, aufgewachsen in einem anderen Staat. Aber wir alle haben nur ein Leben: das Gemeinsame.

»Es ist nicht die Zeit für Ich-Geschichten«, schrieb Max Frisch in sein Tagebuch.

Diese Zeit ist noch immer nicht, auch wenn wir heute aus dem Ich einen Fetisch und zugleich in Form der »Ich-AGs« ein Verhängnis machen. Aber wie kann ein kollektiver Irrtum ein wahres Ich begründen?

»Und doch«, schreibt wieder Max Frisch, »vollzieht sich das unendliche Leben oder verfehlt sich am einzelnen Ich, nirgends sonst.«

Dies stimmt noch immer.

Heimat im weitesten Sinn: in sich selbst zu Hause sein.

Wenn sich Politik, Ideologie und Anstand damals nicht in so radikalem Widerspruch gezeigt hätten, oder wenn sich zumindest Österreich anständiger verhalten hätte, und ich daher nicht aus Protest ein anderer geworden wäre – wie wäre ich heute? Glücklicher? Bequemer? Oder war es für mich unvermeidlich, Ich zu werden?

Ist Anstand eine politische Kategorie?

Max Frisch im *Berliner Journal* zum Anstand: »Anstand ... Ich weiß nicht, was ich habe sagen wollen – Ohne Vorsatz leben ...«

Es muss eine andere Heimat geben, eine, in der alles unschuldig ist, was man tut – weil unsere Taten die Konsequenzen tatsächlich nicht haben, die wir heute bloß verdrängen.

Ergänzung des Fragebogens »Heimat«:
Ist für Sie Heimat ohne Demokratie vorstellbar?
Wenn nein: Warum nicht?
Wenn ja: Wie lieben Sie Ihre Heimat? Bedingungslos? Oder verzweifelt?

Im Spiegel sehe ich manchmal den Jungen, der ich gewesen bin. Auf Fotos sehe ich ihn nie.

Nun hängen überall die Plakate für die Wahl zum Europäischen Parlament. Sie alle vermitteln den Eindruck, dass nicht Parteien um Wähler werben, sondern Feldherren Freiwillige suchen zur Verteidigung der Heimat. Alle Parteien, auch die sogenannten pro-europäischen, versprechen, die österreichischen Interessen im Europäischen Parlament besser zu vertreten als die anderen. Sie wollen in eine supranationale Institution einmarschieren, um dort nationale Interessen zu verteidigen.

Mir fällt kein Interesse ein, das ich verteidigt wissen möchte gegen Menschen jenseits von Grenzen, die nicht mehr existieren.

Nationale Politik: Als wären die Menschenrechte ein Kuchen, und jeder schaut, dass er ein größeres Stück davon bekommt. Dann sitzen sie da, nachdem sie nichts übrig gelassen haben, sind satt, und sind noch immer nicht befriedigt. Zugleich haben sie, aus eigenem Verschulden, zu Recht Angst davor, dass es morgen nicht genug gibt.

Thema für meine Rede in Zürich: »Die Heimat als Schweiz«.

Multiethnisch, vielsprachig, differenziert in einer Vielzahl gewachsener Mentalitäten und Kulturen. Aber im Wesentlichen gleiche Rahmenbedingungen für alle. Identitätsstiftend der Kanton, nicht die Nation. Nachhaltiger Friede.

Wenn gesagt wird, dass das, was die EU werden soll, nicht möglich ist, wieso gibt es dann die Schweiz?

Ich kann und will mir kein Europa vorstellen, in dessen Mitte ein schwarzes Loch ist.

Max Frisch in seiner Rede »Die Schweiz als Heimat«: »Was unsere jüngeren Landsleute politisch beheimaten könnte: ein konstruktiver Beitrag zur Europapolitik«. Integration der Kantone in das Europa der Regionen.

Wenn er Heimat sage, so Frisch, dann könne er sich nicht begnügen mit der emotionalen Verbindung zu dem Ort, wo er aufwuchs, zur Mundart und so weiter. Zu seiner Heimat gehöre auch die Schande, zum Beispiel wegen der Flüchtlingspolitik während des Zweiten Weltkriegs, oder wegen anderem, das zu seiner Lebenszeit geschah oder nicht geschah.

Die Heimat als Schweiz, das wäre Heimat, in der dies und solches als unteilbare, gemeinsame europäische Schande empfunden würde – was die Schweizer entlastet, aber nur, wenn auch sie diese Schande empfinden.

»Was allen in die Kindheit scheint und worin noch niemand war: Heimat.« (Ernst Bloch, 1935 im Schweizer Exil.)

SKIZZE

Sie suchten eine neue Wohnung. Er war nicht unzufrieden mit der Wohnung, in der sie lebten. Hier waren sie eingezogen, als sie geheiratet hatten. Hier hatten sie ein Kind großgezogen. Hier hatten sie von Zeit zu Zeit die Möbel umgestellt, sie hatten zwei Mal neu gestrichen, sie hatten die undichten Fenster renovieren lassen. Die Lage war gut: Er konnte den Großteil der Wege, die er hatte, zu Fuß oder mit dem Fahrrad zurücklegen. Und er freute sich immer, wenn er heimkam. Er hatte vor seiner Heirat sehr unstet gelebt, diese Wohnung war nun mit dem Gefühl verbunden, angekommen zu sein, ein Zuhause zu haben. In der Küche könnte man noch einiges modernisieren, aber das Wohnzimmer war perfekt, er konnte sich kein besseres vorstellen: an allen Wänden Bücher bis zur Decke, bequeme Sitzmöbel, ein großer Fernsehapparat, fast ein Heimkino. Am Türstock die Markierungen, wie seine Tochter gewachsen war. Er hatte gedacht: Wenn es ihm vergönnt sein sollte, zu Hause zu sterben, dann würde es in dieser Wohnung sein. Mit Blick auf Vertrautes, auf Raum gewordene Zeit: Erinnerungen.

Nun war ihre Tochter ausgezogen, und seine Frau meinte, sie sollten sich verändern. Sie hätte gerne eine andere Wohnung. Das Kinderzimmer stand leer, und sie bräuchten dieses Zimmer nicht. Aber sie hätte gerne eine Wohnung mit Terrasse. Es wäre vielleicht ein Nullsummenspiel: Eine Wohnung mit einem Zimmer weniger, dafür mit einer Terrasse, für dasselbe Geld.

Sie studierte Inserate, machte Termine mit Maklern aus. Am Anfang ging er mit, Wohnungen besichtigen. Er war fassungslos. Er hatte keine Vorstellung davon gehabt, wie andere Menschen lebten. In den Wohnungen, die ihnen gezeigt wurden, mussten andere Menschen gelebt haben. Oder, falls es neu gebaute Wohnungen waren: Hier würden Menschen einziehen und leben. Es war für ihn unvorstellbar. Sie alle, dachte er, zahlten einen zu hohen Preis für Wohnungen, die kein Zuhause sein konnten.

Er ging nicht mehr auf Besichtigungen mit. Ich bleibe zu Hause, sagte er.

Eines Tages rief ihn seine Frau an: Ein letztes Mal bitte ich dich noch. Ich glaube, ich habe unsere Wohnung gefunden. Komm sofort her, wir müssen uns schnell entscheiden. Wenn du Nein sagst, werde ich dich nie wieder mit Wohnungssuche behelligen.

Er nahm ein Taxi. Als er die angebotene Wohnung betrat, hatte er einen unerwarteten Gedanken. Er dachte sofort: Ja, hier will ich alt werden.

Die Konditionen waren gut. Nun ging alles sehr schnell. Die Vertragsunterzeichnung, die Zwischenfinanzierung, die Organisation der Übersiedlung. Erst danach, als er sein neues Viertel erkundete, bemerkte er, dass er jetzt um die Ecke von dem Haus wohnte, in dem seine Großeltern väterlicherseits gelebt hatten. Nach der frühen Scheidung der Eltern war er bei den Großeltern untergebracht worden, da seine Mutter wieder arbeiten gehen musste. Hier, bei ihnen, hatte er im Grunde seine Kindheit verbracht. Nun stand er vor diesem Haus. Seit dem Tod der Großeltern, vor etwa 35 Jahren, war er nicht mehr hier gewesen. Dort oben, von diesem Fenster im zweiten Stock, hatte er hinuntergeblickt auf diese Straße, auf das Geschäft gegenüber, mit dem Schild »Schreibwaren«. Das Geschäft gab es nicht mehr. Dort oben, am Esstisch, hatte sein Großvater mit ihm, dem Volksschüler, das Schreiben der Buchstaben geübt. Er hatte Probleme mit dem Buchstaben W gehabt. Er hatte entweder einen Haken zu wenig gemacht, dann war es ein V, oder einen Haken zu viel. Sein Großvater war ungeduldig: »W wie Wien!« hatte er entnervt gerufen. »Schau dir die Nummerntafeln der Autos an! W wie Wien!«

Er beschloss, in das Haus hineinzugehen, bei der ehemaligen Wohnung der Großeltern anzuläuten. Er wollte sich erklären. Ob er einmal, ganz kurz, durch die Wohnung gehen dürfe, und vom Fenster auf die Straße schauen.

Das Haustor war offen. Er lief die Treppe hinauf, stand vor der Wohnungstür. Bevor er läutete, sah er das Messingschild, das an der Tür angebracht war:

Mag. Dipl. Psych. Helene Rossmanith
Rückführungen in die Kindheit
Termine nach Vereinbarung
Er hatte keinen Termin, machte am Absatz kehrt.

Im *Berliner Journal* beklagte Max Frisch, dass die Schweiz nur das Gewesene sein will, aber keine Utopie mehr hat.

Die Heimat als Schweiz: Keine Rückführungen mehr. Willkommen zu Hause in der konkreten Utopie.

Morgen Abreise nach Zürich. Ich habe keine Rede geschrieben. Ich habe – geschrieben.

Max Frisch im *Berliner Journal*: »Ich schreibe, um zu arbeiten. Ich arbeite, um zu Hause zu sein.«

Das Einzigartige und unser Eigentum

Sehr geehrte Damen und Herren!

Ich habe die ehrenvolle Aufgabe erhalten, mich im Namen aller Künstler, die heute mit dem staatlichen Kunstpreis geehrt werden, artig zu bedanken. Natürlich kann ich nicht wirklich im Namen aller sprechen, auf jeden einzelnen eingehen, auf die Besonderheiten jeder individuellen Kunstanstrengung, auf die Vielfalt, in der sich Kreativität in den verschiedenen Kunstgattungen zeigt, und also den Reichtum der singulären Werke der Künstler angemessen würdigen, die allesamt Wahrheit, Schönheit und Reflexion unseres Lebens in die Welt setzen. Jeder Künstler ist einzigartig, beansprucht Einzigartigkeit für sich, und fordert dafür seine Anerkennung. Aber wenn es dies ist, was für alle gilt, dann kann ich gleich von mir reden, weil es ja grundsätzlich für jeden darum geht, Ich sagen zu können, beglaubigt und anerkannt durch sein Werk.

Eine gute Rede gewinnt ihre Zuhörer durch das Einflechten von Anekdoten. Das habe ich erst unlängst wieder von unserem Herrn Bundespräsidenten eindrücklich erfahren. Doch davon später. Ich beginne jedenfalls mit einer Anekdote. Wie alles (für mich) begann:

Mit siebzehn Jahren schrieb ich meine erste Erzählung. Sie hieß *Nägelbeißen* und handelte von der Nervosität eines sensiblen, von Autoritäten eingeschüchterten Jünglings, der nicht aufbegehrt, sondern sich unscheinbar zu machen versucht. Will man diese Erzählung autobiografisch interpretieren, könnte man sagen: Sie zeigt, dass ich damals zu feige war, die klassischen Pubertätssymptome zu zeigen.

Ich wollte diese Erzählung natürlich veröffentlichen. In dieser Hinsicht war ich nicht so feige.

Nachdem ich den Text fein säuberlich auf einer Olivetti-Schreibmaschine mit drei Durchschlägen abgetippt hatte, gab ich sie drei Menschen zum Lesen.

Einen Durchschlag schickte ich an Jeannie Ebner, damals die Herausgeberin der Zeitschrift *Literatur und Kritik*. Sie schrieb zurück: »Vielen Dank für Ihre Erzählung und die beiliegende Biografie. Die Biografie halte ich für eine kleine literarische Sensation. Wie Sie aus zwei einfachen Informationen, nämlich Ihrem Geburtsdatum und dem Namen Ihrer Schule vier Zeilen herausschlagen, ist durchaus kunstvoll. Und für geradezu revolutionär halte ich Ihre Innovation der Textsorte Kurzbiografie, nämlich nach den biografischen Daten den Punkt *Ausblick* anzufügen und damit den Umfang Ihrer Lebensbeschreibung durch Ungelebtes zu versechsfachen – das hat mir zu denken gegeben. Kritisch anmerken möchte ich, dass Sie nicht aufs Ganze gegangen sind: Es fehlt der Punkt *Nachleben*! Allerdings habe ich, nachdem ich Ihr Alter gelesen habe, Ihre Erzählung natürlich nicht mehr gelesen. Sollten Sie in fünf Jahren immer noch schreiben, melden Sie sich bitte wieder.«

Den zweiten Durchschlag schickte ich an Peter Henisch, damals Redakteur der Zeitschrift *Neue Wege*, die, ebenso wie *Literatur und Kritik*, auch in der Schule auslag. Er schrieb zurück: »Danke für die Erzählung. Sie zeigt authentisch, auf eine Weise, die an Kafka gemahnt, das Terrorsystem kapitalistischer Pädagogik. Ich bringe die Erzählung in der nächsten Nummer. Allerdings rate ich davon ab, weiter auf der Kafka-Schiene zu fahren.«

Ich hatte damals noch nichts von Kafka gelesen, aber egal, so kam es jedenfalls zu meiner ersten Veröffentlichung.

Der Dritte, dem ich die Erzählung zu lesen gegeben hatte, war mein Erzieher im Internat. Er rief meine Mutter an und empfahl ihr einen Psychologen, der mir helfen könne, milderte sein Urteil aber etwas ab, indem er mit dem pragmatischen Mitgefühl des Pädagogen hinzufügte: »Robert hat wirklich schreiberisches Talent, aber er ist wohl zu sensibel und verletzlich, um daraus einen Beruf machen zu können, zum Beispiel Journalist!«

Damit hatte er natürlich Recht – aber rechtfertigt das den Ruf nach der parapolizeilichen Kontrolle durch einen Psychologen?

Warum erzähle ich das? Weil es um Anerkennung geht, und darum, wie vielfältig sie sich zeigen kann: als Glück oder als Verhängnis, als Aufmunterung oder als scheinbare Demütigung, als Missverständnis oder, schlimmer noch, als missverständliches Verständnis.

Und manchmal, wenn nicht sogar meistens, ist sie wie im beschriebenen Fall alles zugleich. Natürlich fühlte ich mich gedemütigt durch Jeannie Ebners Brief, andererseits war er doch auch eine Anerkennung – immerhin hatte sie geantwortet, noch dazu nicht bloß sachlich, sondern persönlich, und das war wirklich nicht selbstverständlich. Anderseits war die Anerkennung, die ich von Peter Henisch erhielt, zugleich ein Missverständnis, denn nicht nur, dass meine Erzählung wirklich keine talentierte Auseinandersetzung mit dem Genie Kafka war, sie war nicht einmal wirklich talentiert, sondern so ungelenk, dass man sie sogar als *epigonal ohne Vorbild* bezeichnen muss, weshalb es mich immer geniert, wenn sie heute von einem Germanisten entdeckt wird. Aber doch erleichterte sie mir den Weg zu wirklicher Anerkennung, denn die zweite und dritte Veröffentlichung bekommt man leichter als die erste, die ja die größte Hürde darstellt. Vielleicht hat mich nur mein damaliger Erzieher wirklich verstanden. Vielleicht hätte ich wirklich einen Psychologen gebraucht. Und ist es nicht geradezu eine idealtypische Anerkennung, wenn ein literarischer Text den Leser aufs höchste beunruhigt?

Oder hat mein Erzieher gleich bei meinem ersten Text geradezu seismographisch mit jenem strukturellen Missverständnis reagiert, das, wie ich später lernte, den Umgang mit österreichischer Literatur und Kunst grundsätzlich kennzeichnet, dass staatliche Institutionen und Instanzen regelmäßig mit Besorgnis und Misstrauen auf Kunstanspruch reagieren, bis der Künstler am Ende beim Staatspreis landet? Man kann es durchaus so sehen: Was ich als Schüler schrieb, wies mich vor den Mitschülern als Kritiker der Institution aus, wobei ich durch das besondere Augenmerk, das ich deswegen erhielt, zugleich auch als Liebkind der Institution verdächtigt wurde.

Ich weiß heute nicht mehr, was ich im Abschnitt »Ausblick«, auf den sich Jeannie Ebner in ihrem Brief bezog, geschrieben hatte. Aber gewiss nicht, dass ich es als mein biografisches Geschichtsziel anpeilte, den Staatspreis zugesprochen zu bekommen, um dann von denselben Menschen, die mich als »Nestbeschmutzer« diffamieren, auch noch als »Staatskünstler« verhöhnt werden zu können. Auf jeden Fall zeigt sich hier die Dialektik der Anerkennung: Sie führt immer auch zu Verwirrungen. In dieser Konfusion ist nur eines klar: Künstler wollen und brauchen Anerkennung. Wer das Gegenteil behauptet, lügt, oder er sucht die Anerkennung darin, dass er sie ausschlägt.

Andererseits entsteht Kunst natürlich auch dann, wenn Künstler nicht anerkannt, wenn sie missachtet, gar verfolgt werden. Das ist eine historische Erfahrungstatsache.

Von dieser Prämisse, dass Anerkennung für den Künstler ein Anspruch und eine Produktivkraft, aber keine Bedingung ist, kann man kunsttheoretisch, kulturpolitisch oder künstlerpsychologisch alles Mögliche ableiten, aber zweierlei ganz sicher nicht:

Erstens, dass Künstler, wenn sie vom offiziösen, also subventionierten Kunst- und Literaturbetrieb (gibt es einen anderen?) oder vom Staat Anerkennung in Form von Preisen und Ehrungen erhalten, zu Hofschranzen, Staatskünstlern und Ornamentlieferanten des herrschenden Systems geworden sind, also zu Verrätern an der Autonomie der freien Kunst. Denn es ist eine der grundsätzlichen Aufgaben demokratischer Staaten, die Freiheit der Kunst und die Rahmenbedingungen freier Kunstproduktion anzuerkennen und zu schützen, und wie sie das machen, ist eine kulturpolitische Entscheidung und nicht per se schon die Vereinnahmung des freien Künstlers.

Und zweitens kann man schon gar nicht daraus ableiten, dass der Rückzug des Staates aus der Förderung und der Anerkennung künstlerischer Arbeit vernünftiger wäre, weil sich dadurch, gleichsam im Sinne eines kulturpolitischen Sozialdarwinismus, erst wirklich zeigte, welcher Künstler ein wahrer Künstler sei, weil seine Kunst so stark, so vollkommen, so gewaltig ist, dass sie sich gegen alle Widerstände durchsetzt, zu denen das desinteressierte Missfallen der Öffentlichkeit und die Staatsbürokratie fähig sein können.

Kunsttheoretisch oder -analytisch hat also staatliche Anerkennung lebender Künstler keine Bedeutung, die sich generalisieren ließe. Bedeutung hat sie nur in Hinblick auf den öffentlichen Diskurs – wobei jede Diskussion über Kunstförderung, Kulturpolitik und staatliche Anerkennung von Künstlern mehr über die Qualität der Öffentlichkeit als über die Qualität der Kunst aussagt. Das ist gerade heute leider auch eine Erfahrungstatsache.

Menschen, die ohne Architekt ein Haus bauen, als Wilde an der Mischmaschin', die sich »Jesus schreitet durch das Ährenfeld« über das Ehebett hängen, in dem bald nach Fertigstellung des Hauses keine Nächstenliebe mehr herrscht; Menschen, die bei einer CD der *Fidelen Dachauer* oder einer anderen sogenannten Volksmusik-Band oder Bande zu schunkeln beginnen; Menschen, die einen Heißhunger nach Soletti bekommen, wenn ein unerklärliches Schicksal ihnen eine Giacometti-Skulptur vor Augen führt; diese Menschen, die nachweislich nicht die s-Regeln beherrschen, wiewohl das scharfe Es ihr Über-Ich beherrscht, diese Menschen schreiben entrüstete Postings (natürlich unter Pseudonym, weil sie so künstlich und dabei kunstfern sind, dass sie es nicht wagen, so wie die Künstler mit ihrem Namen für ihr Werk einzustehen) oder Leserbriefe, wenn sie in der Zeitung lesen, beziehungsweise das tun, was sie Lesen nennen, jedenfalls also erfahren, dass ein Künstler eine staatliche Auszeichnung bekommen habe; dann schreiben sie »Staatskünstler!«, ein Kunstwort, das als Kunst-Totschlag-Begriff gemeint ist, ein Liebkind der Regierung sei er, verhabert mit der Macht, ein verächtlicher Ministrant verächtlicher Politiker, ein Behübscher von höchst kritikwürdigen Verhältnissen. Ist der Künstler aber immer wieder als kritischer Geist auffällig, dann ist er eben ein »Nestbeschmutzer«, und so ist dann nicht die Kritiklosigkeit, nicht die unterstellte Nesthäkchen-Existenz, sondern seine Kritik, also der Vorwurf der Nestbeschmutzung, Anlass zur Empörung. Bekommt nun der »Nestbeschmutzer« eine staatliche Auszeichnung, ist nun beides der Skandal: der »Nestbeschmutzer« als Staatskünstler und der Staat als Förderer der »Nestbeschmutzer«.

Das ist übrigens der Grund, warum es heute (in Österreich) keine Skandal-Kunst im Sinn des Begriffs mehr geben kann: weil der Zustand der Öffentlichkeit selbst schon zum Skandal geworden ist.

Worüber wir uns also bei diesem Anlass, der Verleihung der staatlichen Kunstpreise, unterhalten müssen, ist – gar nichts. Künstler wollen Anerkennung. Wenn sie sie erhalten, sagt das nichts über sie aus, so wenig wie damit etwas über die Anstrengungen jener ausgesagt ist, die keine oder noch keine

Preise bekommen. Heimito von Doderer hatte schon festgestellt: »Im Grunde ist beides eine Gemeinheit!« Und gerade von ihm, und von seinem Roman *Die Dämonen*, können wir lernen, wie Staats- und Geschichtskritik produktiv aus steter Zeit- und Selbstkritik entsteht: Verdichtung von Wahrheit als Prozess. Der Roman wurde schließlich hochdekoriert – und doch blieb er wirkungslos. Kann man das so sagen? Hochdekoriert und wirkungslos? Auf mich hatte er Wirkung, andererseits glaube ich behaupten zu können, dass gewisse Entwicklungen, die uns im letzten Vierteljahrhundert in diesem Staat aufs höchste beunruhigt haben, nicht möglich gewesen wären, wenn eine breite Öffentlichkeit Doderers *Dämonen* gelesen hätte. Aber immerhin liest ab und zu ein Kanzler Musils *Mann ohne Eigenschaften*. Allerdings: Wer sonst?

Staatliche Anerkennung fördert jedenfalls nicht die Akzeptanz der lebenden Künstler durch die Öffentlichkeit, so wie Nicht-Anerkennung auch nichts anderes als Häme erzeugt, in der Aufmerksamkeitsskala bloß die erste Steigerungsstufe von Ignoranz. Die ästhetische Erziehung der Öffentlichkeit kann aber kein Anspruch der Künstler sein, Künstler sind keine Sozialarbeiter und keine Bildungspolitiker. Worum geht es hier also? Im Grunde nur um diese grundsätzliche Aporie: Kunst hat den Anspruch auf Einzigartigkeit, zugleich will sie natürlich allgemeine Geltung. Die Voraussetzungen dafür zu schaffen, kann aber nicht ihre Aufgabe sein. Zugleich kann es auch nicht die Aufgabe des Marktes sein, denn der Markt produziert Aufmerksamkeit nach völlig anderen Kriterien. Dennoch muss sich der Künstler auch auf dem Markt behaupten, der ihm zumindest diese eine Freiheit garantiert: nicht von vormoderner Willkür und Deutungshoheit staatlicher oder religiöser Institutionen abhängig zu sein. In der Vermittlung oder Aufhebung dieser Aporie läge einer der Ansprüche heutiger Kulturpolitik. Aber die mit Kulturpolitik und Kunstförderung Befassten sind die Ärmsten: Es gibt für ihre Aufgabe keine demokratisch vermittelbaren Parameter, in einem demokratischen Staat also nicht einmal die Sicherheit, dass die Öffentlichkeit die Notwendigkeit von Kunstförderung anerkennt. Auch wenn es Künstler gibt, die sich demokratiepolitisch engagieren: Kunst selbst kann nicht demokratisch sein. Jede ästhetische Wertung beansprucht Objektivität, kann sie aber nie bekommen. Der Nutzen des Nutzlosen, die Wahrheit und Schönheit einer Reflexion ohne Begriffe können nie objektiv verifiziert, also nie einem Plebiszit unterworfen werden.

Kein Ressort hat daher solche Legitimationsprobleme wie die Kulturpolitik. Muss ein Landwirtschaftsminister erklären, was Landwirtschaft ist, warum sie notwendig ist und subventioniert werden muss? Muss ein Wirtschaftsminister die Notwendigkeit von Wirtschaft erklären? Werden ihm Arbeitgeber, Arbeitnehmer und Arbeitslose wütend in den Rücken fallen, wenn er mit Millionen den Standort fördert, um Arbeitsplätze zu sichern oder zu schaffen? Wird eine qualifizierte Mehrheit dagegen protestieren, weil sie lieber einen Lebensort statt eines Standorts hätte? Muss ein Familienminister mit Empörung rechnen, wenn er Familien fördert? Er muss vielleicht in der Begrifflichkeit ein bisschen nachjustieren, darf zum Beispiel die Familie nicht mehr als »Keimzelle des Staates« bezeichnen, weil Keime heute anders konnotiert sind als vor hundert Jahren. Das ist ein Zeichen von größerem Gesundheitsbewusstsein, weshalb sich auch der Gesundheitsminister nicht sonderlich schwer tut, seine Funktion zu legitimieren. Muss ein Sozialminister die Notwendigkeit von Sozialpolitik begründen? Nicht, solange eine Mehrheit zu Recht von sozialen Transfers profitiert. Es mag in Hinblick auf konkrete Entscheidungen da und dort Auffassungsunterschiede, gar Streit geben, aber grundsätzlich ist man sich einig: Denn grundsätzlich ist all dies notwendig und als Notwendigkeit anerkannt. So kann man das weiter durchdeklinieren. Am Ende bleiben nur zwei Politikfelder über, die demokratiepolitisch notwendig sind, die aber bei ihren Förderungsmaßnahmen doch nicht mit selbstverständlicher Zustimmung durch eine demokratische Mehrheit rechnen können: Das sind freie Wissenschaft und freie Kunst. Nun kann man es so machen, wie der derzeitige Wissenschaftsminister, der die Wissenschaft unter die unmittelbaren Verwertungsbedingungen durch die Wirtschaft zwingt, und den Studenten, die für freien Zugang zu freien Bildungsinstitutionen kämpfen, ausrichtet: »Es muss ja nicht jeder studieren!« – Und schon hat er die Anerkennung durch die Mehrheit: ein paar Tetschn und dann die Kronenzeitung, das hat noch keinem geschadet – das kann jeder bestätigen, dessen Biografie auf diesem glücklichen Fundament ruht. Und wenn es »der Wirtschaft dient«, dann sieht es der Hausverstand erst recht ein.

Nachdem also auch dieses Politikfeld vorläufig verloren ist, bleibt als letztes die Kulturpolitik, die von allen politischen Ressorts heute als einzige diesen Spagat schaffen muss: etwas demokratiepolitisch höchst Notwendiges zu tun, ohne je mit der Zustimmung der Mehrheit rechnen zu können.

Nämlich Künstler zu fördern, ihre Leistungen zu ehren, für eine grundsätzliche Anerkennung der Notwendigkeit von Kunst einzustehen, und die Rahmenbedingungen für die Produktion zeitgenössischer Kunst aller Sparten zu verbessern. Das ist demokratische Politik, auch wenn es dafür nie eine Mehrheit geben wird, die Mehrheit der Wähler höchstens an der Umwegrentabilität interessiert ist, die durch die Festivalisierung und Ikonisierung toter Künstler abgeschöpft werden kann. Diese Mehrheit aber kann sich nicht einmal vorstellen, dass Mozart verrückt geworden wäre, hätte man ihn zu seiner Zeit immer nur mit gotischer Musik beschallt, Goethe sich erschossen hätte, wenn immer wieder nur Christopher Marlowes *Faust* neu inszeniert worden wäre, Hofmannsthal den Tod einer verdurstenden Primel erlitten hätte, wenn jedermann nur die Fastnachtspiele von Hans Sachs hätte sehen wollen, und so weiter.

Dadurch entsteht zwischen Politik und Kunst immer wieder ein eigentümliches Doublebind: Ist der Künstler, der auf seiner Einzigartigkeit und Autonomie besteht, tendenziell ein Anarchist, der freudig den Staatspreis als angemessene Anerkennung entgegennimmt, so neigt der aufgeklärte Staat, besonders der spätaufgeklärte österreichische Staat, zur repräsentativen Anarchie, wenn es um Kunst geht. Ein Beispiel, das ich in diesen Räumlichkeiten, anlässlich dieser Ehrung *sub auspiciis praesidentis* natürlich erzählen muss: Vor kurzem lud Bundespräsident Heinz Fischer zu einer Feier anlässlich des siebzigsten Geburtstags von Peter Handke in die Hofburg. Auch ich erhielt eine Einladung, die ich natürlich annahm, um Peter Handke meinen Respekt und meine Zuneigung zu erweisen. Diese Feier wurde allerdings, anders als ich erwartet hatte, nicht in einem der Empfangsräume oder Festsäle der Hofburg abgehalten, sondern in der Privatkapelle der Habsburger, wobei der Begriff Kapelle eine leichte Untertreibung darstellt. Als ich ankam, waren die Betbänke schon dicht gefüllt, es herrschte ein wattiertes Schweigen, und wenn doch da und dort geflüstert wurde, klang es, als würde fast lautlos der Rosenkranz oder *Der Versuch über die Müdigkeit* gemurmelt. Das imperial Sakrale dieses Orts machte den Eindruck, als sollte die Geburtstagsfeier für den Dichter als Hochamt abgehalten werden.

Und in dieser Szene trat dann der Präsident der Republik als Freund der Anarchie auf – in der konsequentesten Assimilation an den Dichter, die dem Präsidenten von Amts wegen möglich ist. Er hielt nämlich eine Rede, in der er launig erzählte, vom eben noch betenden Publikum durch Entzückensrufe und Gelächter angefeuert, wie er Peter Handke kennen und lieben gelernt hatte. Irgendwann, ich glaube in den Siebzigerjahren, hat er in der Zeitung gelesen, dass in Salzburg ein junger Dichter einen Polizisten geohrfeigt habe. »Diesen Dichter muss ich kennenlernen!«, habe er spontan gedacht. Ein Kontakt konnte hergestellt werden, die beiden Männer, der Staatsmann und der Dichter, der Widerstand gegen die Staatsgewalt geleistet hatte, trafen sich, und seit damals sind sie also befreundet, in unverbrüchlicher wechselseitiger Anerkennung.

Nach dieser Rede folgte eine Dichterlesung. Es las aber nicht der Dichter, sondern der Präsident. Er setzte sich an einen Tisch – man musste in diesem Ambiente natürlich an einen Altar denken –, schlug also ein Buch auf, das bei diesem Anlass das Buch der Bücher war, nämlich ein Buch von Peter Handke. Der Präsident las also Handke, man muss sagen: Er gab Handke, und Handke selbst hörte zu, wie ihm vom höchsten Mann des Staates sein eigenes Werk vorgelesen wurde.

Verstehen Sie mich bitte nicht falsch: Ich ironisiere das nicht, oder kaum. Ich sollte und wollte hier über Anerkennung sprechen, und dieses Bild vom Bundespräsidenten, der einen Dichter zu verstehen lernte, der einen Polizisten geohrfeigt hatte, und ihm am Ende dessen Werk vorliest, um ihm seine Anerkennung zu demonstrieren, dieses Bild verwirrt und erhellt mich gleichermaßen, auf vielsagende und produktive Weise. Es geht um Anerkennung, und ist eine innigere Anerkennung vorstellbar, als diese Symbiose von Staatsrepräsentanz und letztlich anarchistischem Freiheitsanspruch – für den am Ende natürlich nicht die Ohrfeige, sondern das Werk des Künstlers bleibendes Vorbild ist?

Ich habe eingangs gesagt, dass ich natürlich nicht im Namen jedes Einzelnen, der heute hier ausgezeichnet wird, sprechen kann. Jeder und jede ist einzigartig, das ist der Anspruch und die Wahrheit, für die sie alle, jeder auf seine Weise, mit ihrer Kunst einstehen. Darum verdient jeder Einzelne seine Anerkennung exklusiv. Aber wenn es denn grundsätzlich um die Anerkennung von Einzigartigkeit in Freiheit geht, dann kann und darf sie sich nicht im Glück jener erschöpfen, die heute der Glücksstrahl traf. Darum möchte ich jetzt am Ende doch *wir* sagen, im Namen von *uns* sprechen, die wir Anerkennung beanspruchen: ein aufgeklärter Rechtsstaat, der *uns* anerkennen kann – wofür ich herzlich danke –, muss *uns*, alle in unseren Anstrengungen, als Menschenrechtsstaat anerkennen. Denn die Anerkennung unserer künstlerischen Anstrengungen ist nur so viel wert, wie sie Ausdruck einer grundsätzlichen Anerkennung aller menschlichen Anstrengungen ist, sein Leben in Freiheit und Würde zu machen, seine je eigene Kreativität in die Gesellschaft einzubringen, die Schönheit des Lebens zu feiern, wodurch das Einzigartige allgemeiner Besitz, Reichtum aller werden kann. Noch nicken Sie. Nicken Sie weiter, wenn ich jetzt sage, dass ich dabei an die Flüchtlinge und Asylbewerber in der Votivkirche denke. Diese Menschen kämpfen um Anerkennung. Auf der Flucht vor Verfolgung, Krieg, Folter, Bedrohung, Misere, auf der Flucht aus Unrechtstaaten, müssen sie in einem Rechtsstaat fast aussichtslos um Anerkennung kämpfen, um das Selbstverständlichste, um ihr menschliches Existenzrecht, um das Recht, durch Arbeit selbst für sich zu sorgen und ihr Glück zu suchen. Darum hole ich jetzt die Menschen aus der Votivkirche als unsichtbare Gäste hier herein zu diesem Fest der Anerkennung.

Der Mensch ist das Kunstwerk. Noch immer ist es nur ein Entwurf. Der Rechtsstaat ist seine Interpretation. Noch immer ist sie erst eine vorläufige Fassung des Menschenrechtsstaats.

Bildung von Demokratie

Sehr geehrte Damen und Herren!

Diskussionen über Bildungspolitik sind heute Diskussionen über die Misere der Bildungseinrichtungen. Darüber besteht, glaube ich, Einigkeit.

Davon ausgehend gibt es jetzt zwei Möglichkeiten. Entweder man macht Schluss mit der Misere, oder man macht gleich Schluss mit Bildungspolitik. Dafür alle Anstrengungen zu unternehmen, um die Misere zu beenden, scheint es, unter uns gesagt, sehr gute Gründe zu geben, das Problem ist nur, dass sie – und da sind wir jetzt außer uns – offenbar nicht gut genug sind, um ausreichend große Teile der Öffentlichkeit, geschweige denn die politisch Verantwortlichen zu überzeugen. Umgekehrt mehren sich die Anzeichen, dass alle Bildungspolitik nur noch der Versuch ist, sich im Anschein von Geschäftigkeit selbst abzuschaffen. Und auch dafür muss es Gründe geben. Selbst wenn sie noch niemand in aller Deutlichkeit ausgesprochen hat, vielleicht weil sie auch niemandem in aller Konsequenz bewusst sind – diese Gründe sind tatsächlich objektiv vorhanden, sie sind konstitutiv für unsere Vorstellung von Gesellschaft und für unsere Organisationsform der Gesellschaft, und sie produzieren eine gesellschaftliche Dynamik, die mit einiger Konsequenz zur Verwahrlosung der öffentlichen Bildungsinstitutionen führen musste und zur Abschaffung der Demokratie führen wird. Die drei wichtigsten Gründe sind:
- Bildung ist ein schönes Ideal, aber kein Ideal unserer Gesellschaft.
- Bildung ist eine notwendige Voraussetzung, aber keiner weiß wofür.

– Bildung ist eine stete Notwendigkeit, aber man kommt ohne sie aus.

Bildung als Ideal ist ein historisches Phänomen. Es entstand zwar am Beginn der Moderne, also zur Zeit der Grundlegung unseres Verständnisses von Welt und gesellschaftlicher Organisation. Aber es hat im Lauf der Entwicklung Brüche gegeben, die dazu geführt haben, dass das Bildungsideal im öffentlichen und allgemeinen Verständnis heute so fremd und unpraktisch erscheint wie der mechanische Webstuhl. (Und es ist, nebenbei bemerkt, ein eigentümliches Symptom unserer brüchigen Welt, dass die Arbeitsbedingungen von Menschen, die zum Beispiel in einem Call-Center an Computern sitzen, mehr strukturelle Ähnlichkeiten mit den Arbeitsbedingungen von Webern aufweisen, als die heutigen Ideale mit den damaligen.) Bildung war zunächst der Anspruch, dem Menschen, der nach Gottes Ebenbild geschaffen ist, dazu zu verhelfen, dieser Ähnlichkeit durch die Höherentwicklung seiner Gaben näherzukommen. Das Ideal war Gott. Das Bildungsideal war der konkrete Anspruch, sich diesem Ideal zu nähern und die eigene menschliche Gottähnlichkeit zu beweisen.

Dann kam es zum ersten Bruch, es war im Grunde eine Revolution des menschlichen Geistes: Das Bildungsideal wurde säkularisiert. Mit der Religionskritik, dem Anspruch, sich seines Verstandes ohne Anleitung anderer zu bedienen und sein Leben selbst in die Hand zu nehmen, und schließlich mit der Diagnose vom Tod Gottes, wurde Bildung zum Anspruch, sich nicht mehr als Abbild Gottes, sondern als Mensch zu vervollkommnen. Nun wurde das Bildungsideal zum konkreten Anspruch, ein Idealbild des Menschen zu entwerfen und alle Möglichkeiten des Menschen als Mensch zu entwickeln.

So vernünftig die Säkularisierung der Bildung auch war, nun fehlte nur noch ein kleiner Schritt, um sich nach der Befreiung von einem Absoluten Geist vom Geist überhaupt zu befreien.

Der zweite große Bruch, nach der Säkularisierung, war die Materialisierung des Bildungsideals. Der Mensch ist, das bewiesen die modernen Naturwissenschaften, im Grunde eine chemische Maschine. Sowohl seine Muskeln als auch sein Geist funktionieren in Hinblick auf bestimmte Aufgaben besser durch ganz bestimmte Inputs, und nicht durch Fütterung mit allgemeinem Geist, also etwas Abstraktem, das weder materiell unmittelbar verwertet werden kann, noch auf allgemein durchsetzbare Weise der Muße dient, in der die Arbeitskraft wieder hergestellt wird und also dann wieder der unmittelbaren Verwertbarkeit dient. Nun wurde das Ideal der Körper – ein bloßes Gefäß, in das Fachwissen genauso eingefüllt werden kann wie eine stärkere Bauchmuskulatur. Auf diesem Stand der Entwicklung materialisierte sich das Bildungsideal in zwei Institutionen, die als erste den alten bildungspolitischen Anspruch erfüllten, für möglichst alle möglichst barrierefrei zugänglich zu sein: Das ist die Fachhochschule und das Fitness-Center. Das sind nach dem Bruch die beiden Bruchstücke, die vom universalen Bildungsideal übrig blieben: Ausbildung und Bodybuilding.

Es ist klar, dass mit zunehmender Arbeitsteilung und sozialer Ausdifferenzierung irgendwann ein ganzheitlicher Bildungsanspruch auf der Strecke bleiben musste. Die Bildung des Körpers aber, im Sinne von Herstellung körperlicher Fitness und Bewahrung oder Wiederherstellung von Gesundheit, ist zum letzten universalen Anspruch des Menschen geworden, der als Mensch an sich arbeitet. Humboldts Satz »Arbeite an dir selbst!« hängt gerahmt in der Toilette des Fitness-Centers, aus dem ich ausgetreten bin.

Unbesehen seiner Herkunft, seiner Talente, seiner Absichten, Möglichkeiten, Tätigkeiten – das Ideal, das Voraussetzung ebenso ist wie Ziel, ist der gesunde Mensch, ist Fitness, mit der man seinen Platz in der Gesellschaft erkämpfen und verteidigen kann. Es ist die Fitness, die ausreichendes Fachwissen schlagend macht.

Der grüne Heinrich, dieser schöne klassische Bildungsroman, wäre nach dreißig Seiten zu Ende gewesen, wenn eine Lehre oder Fachausbildung und ein bisschen Körpertraining ausgereicht hätten, dass der Junge seine Talente erkennt, sich als Mensch entfaltet, seine Möglichkeiten ausprobiert und neue erobert, soziale Einsichten gewinnt, Fertigkeiten entwickelt und schließlich seinen vernünftigen Platz in der Gesellschaft findet.

Der säkularisierte Bildungsbegriff hatte auf Freiheit abgezielt. Der Anspruch, sein Leben durch die Herausbildung und Erweiterung aller menschlichen Möglichkeiten selbst in die Hand nehmen zu können, kann gar nicht anders interpretiert werden. Eben deshalb musste dieses Ideal schließlich in mehr oder weniger großen, aber doch deutlichen Widerspruch zu Politik und Staatsräson kommen. Der Erste, der das in seiner doppelten Identität als Künstler und Minister deutlich gesehen hat, war Goethe: »Es hat etwas Vertracktes mit dem Wissen. Gibt man es wenigen, befördert man den Staat, gibt man es vielen, befördert man die Freiheit!«

Damit sind wir beim zweiten Punkt: Bildung ist eine notwendige Voraussetzung, aber keiner weiß wofür. Oder meinen Sie es doch zu wissen? Es ist gerade angesprochen worden: Bildung ist eine notwendige Voraussetzung für Freiheit. Das ist eben die schöne Dynamik, die im klassischen Bildungsbegriff steckt. Aber wie weit wir diesen Bildungsbegriff zurückgelassen und durch funktionale Derivate von Wissen ersetzt haben, kann jeder für sich selbst durch die Beantwortung einiger kleiner Fragen erkennen: Wollen Sie das wirklich, eine Freiheit, die nach Goethe notwendig in steten

Konflikt mit der Staatsräson, dem politischen System und seinen Repräsentanten kommen muss? Selbst wenn Sie das wollten, wie weit würden Sie in Ihrer Opposition gehen? So weit, wie es Ihre Menschenbildung, also Ihr sich entfaltendes Wissen und Gewissen fordern, oder so weit, wie es Ihr sozialer Zusammenhalt, Ihr Job, und auf jeden Fall das Strafgesetzbuch erlauben? Bis zu welchem Punkt sprechen Sie in Hinblick auf das Erlaubte von Freiheit? Erleben Sie nicht gegenwärtig, dass es just Menschen aus bildungsfernen Schichten, virtuelle Analphabeten, Rassisten und kulturfeindliche autoritäre Charaktere sind, die heute diesen »Job« übernommen haben, auf vielfältige Weise steten Widerspruch zu formulieren, gegen »die da oben«, »die in Brüssel«, »die in ihren Elfenbeintürmen« und so weiter? Natürlich ist Ihnen klar, dass dieser Widerspruch nicht auf Freiheit abzielt. Fürchten Sie, dass Ihr Widerspruch, wenn Sie ihn konsequent formulieren, mit dem Widerspruch der Ungebildeten verwechselt werden könnte? Wenn nicht: Glauben Sie im Ernst, dass Sie, wenn Sie den Unterschied herausarbeiten, noch die Zustimmung dieser Menschen, die immerhin ein Drittel unserer Gesellschaft ausmachen, bekommen würden? Mit anderen Worten: Ist Ihnen klar, dass Sie sofort in Widerspruch zum Widerspruch geraten würden? Glauben Sie, dass es möglich ist, diesem Drittel der Gesellschaft Bildung als Anspruch zu »verkaufen«? Noch dazu mit dem Argument, Bildung sei die Voraussetzung für Freiheit? Haben Sie eine Vorstellung davon, was Sie dann zu hören bekommen?

Hier sind wir an einem interessanten Punkt angelangt, der zeigt, wie sehr Bildung als Begriff und Anspruch in Derivate zerfallen ist und warum er als Voraussetzung nicht mehr verstanden wird: Alles, was Bildung einst versprach, scheint heute eingelöst – aber nicht durch Bildung. Freiheit? Noch der Dümmste wird die Frage, ob er in Freiheit lebt, mit Ja beantworten. Was ihm schon alleine durch die Meinungsfreiheit verbürgt erscheint, also durch die Freiheit, in seiner Freizeit seine Meinung sagen zu können, ohne Sanktionen fürchten zu müssen. Hegels Satz »Eine Meinung ist mein und kann ich genauso gut für mich behalten« wird ihn darin nicht beirren. Und wo er Freiheit nicht hat oder sich nicht herausnehmen kann, wird er es als individuelles Versagen in einem System empfinden, das grundsätzlich aber seine Freiheit garantiert und schützt. Bessere Lebenschancen? Die wird er eher von Ausbildung, denn von Bildung erwarten. Menschlichkeit? Licht im Dunklen! Spendenweltmeister! Tendenziell nicht entfremdete Tätigkeit? Freizeit! Sinn? Konsum! Anerkennung? Kann man sich durch Überanpassung genauso wie durch Herstellung von Abhängigkeitsverhältnissen verschaffen. Am besten durch beides.

So kann man das durchgehen. Ja, Bildung ist eine universale Voraussetzung, aber im Einzelnen weiß keiner, wofür. Weil immer schon etwas anderes genau das, was die Bildung versprach, eingelöst zu haben scheint.

Wenn Sie also Bildung nicht autoritär verordnen wollen – was ein Widerspruch in sich wäre –, sondern auf eine gesellschaftliche und politische Mehrheit hoffen, durch die der Anspruch durchgesetzt werden kann, die Bildungsmisere zu beenden und das Bildungssystem so auszubauen, dass es diesen Namen verdient und jedem Menschen ohne Barrieren Zugang zu der Möglichkeit gibt, nicht nur einen Beruf zu erlernen, sondern all seine Anlagen zu entwickeln, dann stehen die Chancen schlecht. Die Politik kann kein Interesse daran haben – wir haben gesehen, warum. Und die Menschen, die in einer Demokratie die Möglichkeit hätten, in ausreichender Anzahl Druck auf die politischen Repräsentanten auszuüben, sehen keine Notwendigkeit und sind nicht daran interessiert – wir haben gesehen, warum. Vorhergesehen hat dies übrigens ein Philosoph, der an der Wiege der Aufklärung stand, nämlich Descartes: Die Menschen, schrieb er, wollen alles Mögliche vermehren, weil ihnen nicht genügt, was sie haben, der Verstand aber ist das einzige knappe Gut, von dem jedermann meint, ausreichend davon zu besitzen.

Warum sollte er von der Politik also mehr davon fordern?

Das ist, nach einem langen und verschlungenen Weg, den die Aufklärung genommen hat, die Situation. Ein Drittel der Gesellschaft versteht den Anspruch des Bildungsideals nicht. Und es ist eine der trostlosesten Erfahrungstatsachen, dass nichts so schwierig ist, wie einem Ungebildeten die Notwendigkeit von Bildung zu erklären. Die Hälfte der Gesellschaft trägt die Hauptlast für das gesamte gesellschaftliche und wirtschaftliche Funktionieren, alleine kraft der Ausbildung, die sie erhalten hat, alles darüber hinaus ist »Hobby«. Der Rest hatte Bildungschancen. Diese Menschen haben sich durch Titel verbriefen lassen, dass sie ihre Möglichkeiten einigermaßen wahrgenommen haben, konnten dadurch Privilegien erwerben, und haben nun mehrheitlich nicht das geringste Interesse daran, diese in eine allgemeine gesellschaftliche Möglichkeit zu verwandeln, sondern nur daran, sie ihren Kindern zu vererben.

Damit sind wir beim dritten Punkt angelangt: Bildung ist eine stete Notwendigkeit, aber kein gesamtgesellschaftlicher Anspruch mehr – man kommt ohne sie aus. Bildung wurde zu Beginn der Aufklärung als Voraussetzung definiert, um Freiheit erkämpfen und politisch partizipieren zu können. Diese Voraussetzung, sollte man glauben, bleibt ewig gültig. Sie wäre also eine stete Notwendigkeit. Ohne sie kann man nicht verteidigen, geschweige denn ausbauen, was an Freiheit errungen wurde. Freiheit als politische Organisationsform, also die Garantie von Freiheit auf der Basis von Grundrechten, Verfahrensregeln und ihrer Kontrolle, heißt Demokratie. Aber die errungene Demokratie, in den Formen, in denen wir sie kennen, hat sich offensichtlich von dieser Notwendigkeit befreit. Die Geschichte als Fortschritt im Bewusstsein der Freiheit ist bei einer Freiheit angelangt, die gegeben erscheint, daher keine weitere geistige Anstrengung erfordert, und bei einem Fortschrittsbegriff, der durch den technologischen Fortschritt definiert wird. Nehmen Sie der Gesellschaft den Internetzugang, und Sie haben Massenproteste und eine Bürgerbewegung. Zerstören Sie die Universitäten, und Sie haben bloß ein paar Wochen lang einen besetzten Hörsaal. Natürlich haben die Studenten, die den Hörsaal besetzen, begriffen, was stete Notwendigkeit von Demokratie ist. Aber alle anderen haben eben die Erfahrung, dass die Gesellschaft auch ohne diese Notwendigkeit im Bewusstsein von Freiheit leben kann und dabei einigermaßen funktioniert. Das heißt: Erwiesen ist, dass das Freiheitsgefühl der Menschen nicht mehr von Bildung abhängt, dass für die Verteidigung der Freiheit und den Ausbau der Freiheit Bildung nicht mehr als stete Voraussetzung angesehen wird.

Wenn man Demokratie ernst nimmt, dann muss man eben auch dies zur Kenntnis nehmen: Es kann keinen politischen Willen für eine Bildungsoffensive geben, wo gesellschaftlich keine Notwendigkeit dafür gesehen wird. Wozu also Bildungspolitik? Es gibt niemanden, der meint, sich seines Verstandes nicht bedienen zu können, ihn nicht in ausreichendem Maße zu besitzen, seine Meinung nicht sagen zu dürfen.

Freiheit ist eben zweifellos auch die Freiheit zur Dummheit. Übersetzt man Freiheit in die Kategorie politischer Organisation, dann erhält man allerdings die gegenteilige Gewissheit: Es kann keine Demokratie von Idioten geben. Denn politische Partizipation setzt notwendig den freien, gebildeten Menschen voraus. Da tut sich ein Spalt auf, in dem das, worüber wir reden, während wir darüber reden, verschwindet: Freiheit, Bildung, und auf jeden Fall Bildungspolitik. Es wird ererbter Reichtum nicht vermehrt, es wird dessen ungerechte Verteilung verwaltet: Die allgemeine Schulpflicht war einst eine Revolution. Heute ist die Schule eine Institution zur ungerechten Verteilung von Bildungschancen. Die Universitäten, einst Zentren freier Forschung und Lehre, mussten die Umwandlung ihrer Freiheit in eine Autonomie hinnehmen, die sie von Sponsoren abhängig macht, also von den Interessen und Gelüsten finanzstarker Unternehmen. Die Universität ist heute eine Institution zur Frustrierung von Bildungsanspruch geworden, die Kinder von Juristen sollen Juristen, die Kinder von Ärzten wieder Ärzte werden, und Bildungshungrige werden Arbeitslose.

Das ist am Stand der Dinge demokratischer *common sense*.

Könnte man erheben, welche klugen Definitionen oder Sätze über Demokratie am häufigsten von den dümmsten Menschen zitiert werden, dann würde – davon bin ich überzeugt – Winston Churchills Aperçu ganz vorne im Ranking aufscheinen. Wenn man es über Google überprüft, dann erscheint es jedenfalls an erster Stelle. Auf Deutsch in abweichenden Formulierungen, am weitaus häufigsten ist folgende: »Demokratie ist die schlechteste aller Staatsformen, ausgenommen alle anderen, die von Zeit zu Zeit ausprobiert worden sind.«

Das ist erstens deshalb interessant, weil Demokratie keine »Staatsform« ist. Staatsformen sind Monarchie, Republik, Militärdiktatur und so weiter. Demokratie ist eine Regierungsform. Eine Monarchie kann eine Demokratie sein, wie Großbritannien, eine Republik kann keine Demokratie sein, wie Österreich nach der Ausschaltung des Parlaments 1933 durch Dollfuß. Sogar eine Militärdiktatur kann demokratisch sein, wie Brasilien am Ende der Abertura oder Portugal nach der Nelkenrevolution.

Das ist zweitens deshalb interessant, weil Churchill nie »Staatsform« gesagt hat, sondern »government«. Nun kann es zu einer falschen Übersetzung kommen, aber dass sie sich so umfassend durchsetzt, sagt etwas über das Bewusstsein der Rezipienten aus. Dann ist der unwidersprochene Glaube, dass Demokratie eine »Staatsform« sei, verräterisch: Wenn Demokratie nicht erkämpft wurde und nicht verteidigt wird, wenn Bildung und Wissen nicht als Ideal, als Voraussetzung und als Notwendigkeit angesehen werden, dann erwartet man eben vom Staat mehr als von eigener politischer Partizipation.

Dieser Satz ist auch deshalb interessant, weil er auf eine sehr bezeichnende Weise regelmäßig missbraucht wird, nämlich als Einladung, das Schlechteste des Wünschenswerten bereits als das Beste anzusehen. Wer dazu nickt, hat schon verloren. Es nicken, was demokratiepolitisch besorgniserregend ist, fast alle. Das ist aber nur möglich, wenn Demokratie all das nicht mehr ist, was sie sein sollte: Ideal, Voraussetzung, Notwendigkeit. Im gesellschaftlichen Spiel ist Bildung die Analyse der Spielregeln. An diesem Punkt der Demokratie, die sich durch Nicken zu einem grotesk falsch übersetzten Satz bestätigt fühlt, ist Bildung bereits vom Spiel ausgeschlossen.

Und dies ist schließlich auch deshalb interessant, weil es zeigt, dass nicht nur freie Gesellschaften in geistloser Praxis, sondern sogar kluge Gedanken durch geistlosen Gebrauch verdummen können. Heute ist Churchills Satz, der seinerzeit eine kluge Aufmunterung war, in die Demokratie zu vertrauen, ein Skandal der Dummheit. Heute ist er eine Beruhigungspille für ohnehin Apathische. Statt das Schlechteste des Wünschenswerten zu verbessern, soll noch zur Verschlechterung des Schlechten mit Kennermiene genickt werden.

Wenn ich über den Zustand dessen nachdenke, was wir Demokratie nennen, dann möchte ich lieber Demokratie erst erkämpfen müssen, als in diesem Zustand zu leben. Stimmt das wirklich? Ich weiß es nicht, mein Nicht-Wissen ist der Antrieb dessen, was ich schreibe, was ich schreibend an Gedanken verfertigen und diskutieren will – aber irgendetwas muss in der Dynamik zwischen der Erinnerung an Hoffnungen und dem Erleben von Frustrationen stark genug gewesen sein, dass dieser Satz geschrieben werden wollte. Vielleicht ist er auch nur der Hinweis auf deren Synthese: Wir leben in einer Demokratie, die wir erst erkämpfen müssen.

Das ist, nach all dem Gesagten, tröstlich, weil es doch noch einiges offen lässt. Wir erleben derzeit, noch viel zu wenig diskutiert, die Aufhebung der Demokratien der Nationalstaaten in einem nachnationalen Prozess, im Rahmen der Europäischen Gemeinschaft. Die supranationale Demokratie muss erst erfunden und – ja: erkämpft werden.

Und wenn ich Sie, die Sie bildungspolitisch engagiert sind, doch allzu sehr frustriert haben sollte, dann möchte ich Ihnen zum Schluss ein schlagendes Argument zur Unterstützung all Ihrer Anstrengungen mitgeben, einen Satz, der, von einem großen Dichter formuliert, hinweghilft über viele Frustrationen und nicht widerlegt werden kann – auch wenn er nicht ganz wahr ist, weil man auch diesen Satz nie am Moment messen darf, sondern als Prozess begreifen muss, und auf jeden Fall wird er wahr, wenn Sie ihn wiederholen, immer wieder, bei jeder Gelegenheit wiederholen. Der Satz stammt von Fernando Pessoa und lautet: »Es gibt kein Glück ohne Wissen.«

Zukunftsmusik

Sehr geehrte Damen und Herren!

Der Bürger liebt die Zukunft. Denn nur dort, im weiten Feld des Möglichen, kann und soll sich sein Erfolg erweisen. Er erkennt die Welt nicht an, so wie sie ist, sie soll reicher, schöner, sicherer, kühner, praktischer, glücklicher werden, sie soll alles Mögliche werden, aber just eben dies: alles Mögliche. Die Geschichte? Leid! Die Gegenwart? Defizite! Die Zukunft? Erlösung und Bestätigung! Das ist, zumindest historisch, bürgerliches Bewusstsein. Selbst das Unmögliche ist dem Bürger immer nur eine besondere Herausforderung seines Möglichkeitssinns gewesen, seiner Gier nach Überwindung beschränkter und begrenzter Wirklichkeit. Was ist passiert, dass heute, in den modernen bürgerlichen Gesellschaften in Europa, selbst das Mögliche und das eindeutig Notwendige als unmöglich angesehen werden? Warum verharrt Europa heute in einer Blockade in Hinblick auf eine vernünftige Weiterentwicklung der Union, eine Blockade, die Krisen produziert, die Mehrzahl der Menschen frustriert, und die dabei so enorme Kosten produziert, dass der Versuch, diese Kosten zu bedienen, nur wieder die Krise verschärft und die Blockade verstärkt?

Bevor ich mich auf diese völlig blockierte Debatte über die europäische Krise einlasse, will ich einen einfachen Sachverhalt in Erinnerung rufen: Die Fortschritte in Freiheit und wachsendem Wohlstand waren nur möglich durch die Befreiung der Wissenschaft und die Befreiung der Kunst. Die Befreiung der Forschung von religiösen Fesseln und gesellschaftlichen Tabus ermöglichte das Verständnis der Naturkräfte, das alle Lebensbereiche revolutionieren und Entwicklungen auslösen konnte, die das bis dahin Unmögliche nach und nach möglich machten, von der Dampfmaschine bis zur Raumfahrt, von den Leistungen der Medizin bis zur Beschleunigung der Kommunikation und so weiter. Dazu wird jeder nicken (und keine Antwort haben, wenn man nun die Frage stellt, warum denn heute, in einer zweifellos bürgerlichen Gesellschaft, die freie akademische Forschung politisch behindert, budgetär ausgehungert und ökonomisch in neue Abhängigkeiten gezwungen wird). Aber auch die Kunst – und dazu wird wohl nicht mehr jeder automatisch nicken – hatte maßgeblichen Anteil an der Erfolgsgeschichte der bürgerlichen Welt: Durch die Befreiung der Künstler aus den Abhängigkeiten von kirchlichen Auftraggebern und adeligem Mäzenatentum, durch die Entstehung eines freien Kunstmarktes, konnte die Kunst, statt zu idealisieren und zu illustrieren, erst ein wahres Bild der Menschennatur produzieren, den Menschen in seinem sozialen Zusammenhang begreiflich machen, und dadurch das Terrain ausleuchten, das der Bürger als sein ureigenes betreten und verstehen wollte. Es war die Kunst, die das Bewusstsein vom menschlichen Elend genauso wach hielt wie die hochfliegenden Sehnsüchte und Möglichkeiten des Menschen. Es war die Kunst, die die Realität mit all ihren Defiziten zeigte, dem Menschen Würde gab noch in seinem Scheitern, und damit die Perspektive eröffnete auf seine mögliche Größe und auf sein Gelingen. Als es historisch so weit war, dass das Bürgertum die wirtschaftliche Macht errungen hatte und sich anschickte, nun auch die politische zu erobern, war ihm die Kunst eben deshalb eine unverzichtbare Antriebskraft: Sie führte, frei von alten Ideologien und Abhängigkeiten, die Ideale und Bedürfnisse der Bürger als zutiefst menschliche vor, von universaler Gültigkeit. Nur deshalb wurde es dann auch selbstverständlich, dass demokratische Gesellschaften die Förderung von Kunst und die Sicherung und Verbesserung der Rahmenbedingungen der Kunstproduktion als politische Aufgabe wahrnahmen.

Was ist davon geblieben? Wenig. Gesellschaftlich wurde Kunst als Hochkultur zu einem Ghetto des Spektakels, das nicht mehr die Neugier des Bürgers, sondern nur noch seine Allüren befriedigt, ökonomisch wurde Kunst zur Aktie und zum Vorwand für Umwegrentabilität, auf der anderen Seite zum Sozialfall, und politisch zu einem ungeliebten, schlecht dotierten Ressort.

Das ist geschichtsvergessen und zukunftsblind, und das ist, wenn wir unsere Zeitgenossenschaft reflektieren, ein wesentlicher und zugleich völlig ignorierter Aspekt dessen, was wir heute »die Krise« nennen.

Krise, wohin man blickt! Finanz-, Haushalts-, Banken-, Wirtschafts-, Wachstums-, Standort-, Euro-, EU-Krise – so viele Krisen, und doch ist alles eins: eine Krise ohne Licht am Ende des Tunnelblicks der Ökonomie. Dieser Blick ist verheerend, denn er ist blind gegenüber der Notwendigkeit, die eigene Zeitgenossenschaft zu verstehen und die Zukunft innovativ, demokratisch und sozial stabil zu gestalten, im Geiste eines Universalismus, wie ihn wesentlich die freie Forschung und die freie Kunst in die Gesellschaft einbringen. Aber wenn heute Wege aus der Krise gesucht werden, verengt sich sofort der Blick. Schon wimmelt es von Wirtschaftsexperten, die mit ihren Ratschlägen, ignorant gegenüber den realen Erfahrungen und Bedürfnissen der Menschen, die Krise nur verschärfen. Dies ist nicht zuletzt auch eine Folge der politischen Verwahrlosung der Universitäten, die schlecht ausgestattet und nur dem Schein nach autonom, keine Chance haben, im 21. Jahrhundert anzukommen. Sie bilden wie im 19. Jahrhundert immer noch Nationalökonomen und Betriebswirte aus, die dann als politische Berater auftreten – ungeachtet der Tatsache, dass es Nationalökonomie gar nicht mehr gibt, denn

Nationalökonomie ist ein Gegenstand, der in Europa heute kein Substrat mehr in der Wirklichkeit hat. Europa ist seit sechzig Jahren in eine nachnationale Entwicklung eingetreten, die Wertschöpfung funktioniert transnational, die Finanzströme kennen keine nationalen Grenzen mehr, die Ökologie, die nicht nur ein Problem, sondern auch ein Wirtschaftsfaktor wurde, ist nationalökonomisch weder zu begreifen, geschweige denn zu managen, und so weiter. Ein Nationalökonom als wirtschaftspolitischer Berater ist daher heute so absurd wie ein Pferdeflüsterer als Berater der Automobilindustrie. Und dann die Betriebswirte! Ein Staat ist kein »Betrieb«, so wenig wie ich »Kunde« des Staates oder von staatlichen Institutionen bin, ich bin zum Beispiel auch kein »Kunde« der Polizei! Ich bin Staats- und Europabürger, und es ist eines der größten Rätsel in der Analyse des heutigen bürgerlichen Bewusstseins, dass Menschen allen Ernstes ihre Staatsbürgerrechte nach den Kriterien des Konsumentenschutzes definieren. Aber wenn schon ein Staat kein »Betrieb« ist, dann ist ein Staat, der in einen nachnationalen Prozess eingetreten ist, schon gar nicht wie ein »Betrieb« zu führen (und es wäre eindeutig an den Haaren herbeigezogen, die Union als »Kartell« zu bezeichnen). Deswegen ist der ökonomisch fokussierte Blick auf die gegenwärtige Krise so verheerend: Er bestätigt jene, die sich von der europäischen Idee abwenden, weil sich die EU »bloß« als ein reines Wirtschaftsprojekt im Interesse der Banken und Konzerne erweise, und die nun die Symptome der Krise als Beweis dafür anführen, dass dieses Projekt, das die Gestaltungsmöglichkeiten einer souveränen Nationalökonomie aushebelt, nie und nimmer funktionieren kann. Die Fixierung der Krisenanalyse auf die Ökonomie ist verheerend, weil sie das klassische globale bürgerliche Zukunftsdenken reduziert auf das Betteln um nationale Konjunkturförderungsprogramme, sie ist verheerend, weil sie Lebensorte nur noch als »Standorte« sieht und deren »Qualität« nach den Möglichkeiten von Lohn-, Sozial- und Steuerdumping bemisst.

Die Wahrheit, auch wenn sie vergessen wurde, ist: Die Europäische Union war nie in erster Linie ein wirtschaftspolitisches Projekt. Der Prozess der Vereinigung Europas wurde nicht aus ökonomischen Gründen oder gar Zwängen begonnen, und es war nie im Interesse »der Wirtschaft«, diesen Prozess weiter zu treiben. Weder Real- noch Finanzwirtschaft haben je Druck dahingehend ausgeübt, die Vergemeinschaftung konsequent auszubauen. Im Gegenteil. Man muss sich nur in Erinnerung rufen, wie die wirtschaftliche Situation in Europa zur Zeit der Gründung der Montanunion war, aus der dann die Europäische Gemeinschaft und schließlich die Europäische Union hervorgingen. Europa befand sich damals noch in der Phase des Wiederaufbaus nach dem Krieg, die Auftragsbücher der Unternehmen waren gut gefüllt, die Binnenmärkte der europäischen Staaten waren nach den Jahren des Mangels nicht gesättigt, und ein beträchtlicher Teil des exorbitanten Wirtschaftswachstums und des Aufschwungs verdankte sich großen Staatsaufträgen, zum Wiederaufbau und Ausbau der nationalstaatlichen Infrastrukturen. Es war die Wirtschaftspolitik des souveränen Nationalstaats, die daher im Fokus der Interessen vor allem der größeren Unternehmen lag, und nicht die Utopie eines vereinten Europas. Wenn man heute die Diskussionen nachliest, die der Gründung der Montanunion vorangingen, dann muss man Analphabet sein, um all die Einwände der Wirtschaftsvertreter zu übersehen, die sie gegen die Preisgabe nationaler Souveränität in wirtschaftspolitisch so wichtigen Bereichen wie Kohle und Stahl geltend machten. Bedingungen für eine transnationale Wertschöpfung in Europa herzustellen, war also weder im Interesse der damals machtvollen großen Unternehmen, noch sahen sie darin eine Chance für die Zukunft. Und heute? Zeigt sich heute nicht in aller Deutlichkeit, dass die EU schließlich doch bloß das Europa der Konzerne geworden sei? Wieder falsch. Auch heute haben die Konzerne nicht das geringste Interesse an einer konsequenten Weiterentwicklung und politischen Vertiefung der Union, etwa an einer höchst notwendigen Vergemeinschaftung der Finanz- und Wirtschaftspolitik: Denn solange in wirtschaftspolitisch relevanten Bereichen, etwa der Fiskalpolitik, die Nationalstaaten ihre Souveränität verteidigen, so lange sind die Staaten von den Konzernen erpressbar. Und das ist im Interesse der Konzerne. So können sie Steuern und Abgaben drücken, die Liberalisierung des Arbeitsrechts erzwingen und so weiter, indem sie nur damit drohen, in einen anderen Staat abzuwandern, der sich beeilt, bessere Bedingungen zu gewähren – ohne dass die Konzerne den riesigen europäischen Binnenmarkt verlassen müssen. Europa als Ganzes aber wäre in diesem Maße nicht mehr erpressbar. Gleiche Spielregeln für alle auf dem ganzen Kontinent brächten den Konzernen keinen Vorteil. Deshalb ist nicht die EU ein Produkt der Konzerne, vielmehr ist die Blockade in der Weiterentwicklung der EU ein Produkt der Konzerne – soweit man das überhaupt generalisieren kann.

Tatsächlich geht es bei der EU um etwas ganz anderes als um die unmittelbare Befriedigung der Interessen von Konzernen, deren Weitblick nicht weiter reicht als bis zum nächsten Quartalsergebnis. Die Europäische Union ist zunächst und wesentlich ein kulturpolitisches Projekt. Am Anfang stand eine Idee, die, wie gesagt, nicht von Kapitalverwertungsinteressen bestimmt war. Eine Idee, deren Umsetzung dazu führen sollte, auf diesem Kontinent, der immer wieder von Kriegen verwüstet wurde, endlich nachhaltigen Frieden zu schaffen. Die Gründergeneration des Europäischen Einigungsprojekts hatte in einer Lebenszeit vier Kriege erlebt. Alle Kriege der Moderne in Europa waren Produkt des Nationalismus, waren nationale Einigungs- und Eroberungskriege, Folge der Konkurrenz und der ideologisch genährten Feindschaft zwischen den Nationen. Der Nationalismus hat zu den größten Menschheitsverbrechen der Geschichte geführt, zu Kriegen, die die Zivilbevölkerung in Mitleidenschaft zogen, bis hin zu systematischen Massenmorden, zu Genozidversuchen, zu Auschwitz. Nur eine Überwindung des Nationalismus kann nachhaltig Frieden schaffen, kann ein Leben in Würde auf der Basis der universalen Menschenrechte auf Dauer gewährleisten. Und wie kann man das bewerkstelligen? Die Idee war genial: indem man die Nationen dazu bringt, nach und nach nationale Souveränitätsrechte an supranationale Institutionen abzugeben, bis die Nationen irgendwann in der Zukunft aller politischen Gestaltungsmöglichkeiten verlustig gehen und absterben. Diese Idee ist kühn, aber man kann sie heute nicht mehr als »Utopie« bezeichnen und abtun, denn eine Utopie ist durch Nirgendwo und Nie definiert, die Europäische Idee aber entwickelt sich konkret und real seit über sechzig Jahren hier, in Europa, und hat schon verblüffend weit getragen. Nun ist eine Idee, die von historischen Erfahrungen eine neue Definition der Identität und der gesellschaftlichen Zugehörigkeit der Menschen ableitet und eine neue Form des Zusammenlebens entwickelt, zunächst ein kulturelles Phänomen, und in dem Maß, wie sie die politische Kultur und Praxis zu verändern versucht, ein kulturpolitisches Projekt. »Die Wirtschaft« sollte durch entsprechende Wirtschaftspolitik Mittel zum Zweck sein und der Idee dienen – und dabei profitieren können. Und das war das Angebot an »die Wirtschaft«: Sie bekommt durch Binnenmarkt, Kapitalfreizügigkeit, Gemeinschaftswährung etc. Wachstumschancen, und bewirkt dabei durch ihre internationale Verflechtung, dass keine Nation mehr aus nationalem Egoismus Entscheidungen gegen andere treffen kann, ohne sich selbst dabei ökonomisch zu schaden. Nur so weit sollten die Interessen der Wirtschaft bedient werden, und nur soweit lernte die Wirtschaft im Prozess der Einigung Europas eigene Interessen zu definieren. Die Grundidee Europas, das Friedensprojekt, war ihr aber – salopp gesagt – egal. Volkswirtschaften sind im Gesamten gegenüber der Frage Krieg oder Frieden weitgehend neutral. Gibt es Krieg, gibt es eben Kriegswirtschaft. Dann muss man nicht mühsam Löhne drücken, dann verfügt man über Zwangsarbeiter. Und ist der Krieg vorbei, dann gibt es im Wiederaufbau wieder enorme Wachstumsraten, begleitet von schönen Sonntagsreden. Ich glaube jedem Wirtschaftskapitän, Manager, CEO, wenn er sagt, dass diese Sehweise ein Skandal sei, ein Unsinn, er selbst, ein liebender Familienvater, verabscheue den Krieg und wünsche sich ewigen Frieden. Aber wir reden hier nicht von redlichen individuellen Befindlichkeiten, sondern von Systemlogik. Und wie gleichgültig Wirtschaftsinteressen gegenüber einer Idee wie dem europäischen Friedensprojekt sind, sah man jetzt am Beispiel der »griechischen Haushaltskrise«: Zunächst gelang der deutschen Waffenindustrie das Kunststück, ein Nato-Mitglied, nämlich Griechenland, gegen ein anderes Nato-Mitglied, nämlich die Türkei, massiv mit militärischen Geräten und U-Booten aufzurüsten – man kann auch sagen: ein EU-Mitglied gegen einen EU-Beitrittskandidaten in Stellung zu bringen, was eine unglaublich zynische Verballhornung der europäischen Idee darstellt –, um dann auch noch aggressive nationalistische Ressentiments gegen Griechenland auszulösen: »Die Griechen! Da leben sie mit unseren U-Booten über ihre Verhältnisse, und dann haben sie auch noch Zahlungsschwierigkeiten!«

An diesem Beispiel sieht man auch, wie die Finanz- und Wirtschaftspolitik der europäischen Staaten systematisch die europäische Idee der Überwindung des Nationalismus und das Gemeinschaftsinteresse unterläuft: Jedes auftretende Problem wird sofort renationalisiert. Schuld ist nicht die Blockade der gemeinsamen Politik, sondern immer nur die Politik der jeweiligen Nation, in der Krisensymptome auftreten. Diese Nation wird dann zu einer nationalen Kraftanstrengung in Form von nationaler Austerity-Politik gezwungen, wodurch aber die Systemfehler der Gemeinschaft nicht gelöst werden können, allerdings nationale Populationen in die Misere fallen. Diese Renationalisierung ist die Krise, der antieuropäische *backlash*, betrieben von den Staats- und Regierungschefs der EU.

Ich bezweifle nicht die Logik und immanente Stimmigkeit der Argumente, mit denen sich nationale Wirtschaftspolitiker und nationale Wirtschaftsexperten gegen eine gemeinsame europäische Wirtschafts- und Finanzpolitik stemmen. Ich verstehe auch die Psychologie der nationalen Parlamente, die sich ihre wichtigste Kompetenz, die Entscheidungshoheit über Budget- und Fiskalpolitik, nicht nehmen lassen wollen. Aber wir wissen auch aus historischen Erfahrungen, dass selbst gut begründete Interessen sehr kurzsichtig und ihre Befriedigung letztlich extrem verhängnisvoll sein können, und wir wissen heute aus Erfahrung, dass diese nationalen Blockaden und die Renationalisierung der europäischen Gemeinschaftspolitik die Krise in Europa nicht nur nicht lösen können, sondern wie ein Perpetuum Mobile die Krise immer wieder aufs Neue mit immer neuen Symptomen produzieren.

Gegen diese Kurzsichtigkeit helfen nur zwei Dinge. Erstens: den Blick in die Zukunft unbeirrt und konsequent neu zu eröffnen, die Liebe des *Citoyens* zur Zukunft, seinem natürlichen Terrain, in dem er gestalten, gesellschaftlich und politisch partizipieren und sich verwirklichen will, neu zu entfachen. Nicht die Bilanz des nächsten Quartals ist entscheidend, sondern die unserer Lebenszeit. Wird es uns gelingen, gemeinsame Rahmenbedingungen herzustellen, die nachhaltig Frieden, Rechtszustand, Lebenschancen für die größtmögliche Zahl auf unserem Kontinent garantieren, ein System, das nicht unausgesetzt in globaler Wirtschaftskonkurrenz hechelt, sondern zum Vorbild wird, dem die ganze Welt langfristig nacheifert? Zweitens: eine Rückbesinnung auf die Grundidee des europäischen Einigungsprozesses, eine Rekonstruktion und konsequentere Umsetzung ihrer kulturpolitischen Dimension. Wenn schon eine Fiskalunion kurzfristig nicht möglich ist, könnte wenigstens durch eine gemeinsame europäische Kulturpolitik die Entscheidung zur notwendigen weiteren Vergemeinschaftung der europäischen Politik dort vorbereitet werden, wo sie letztlich fallen muss: in den Köpfen und Herzen der Bürger. Eine kulturpolitische Offensive im weitesten Sinn: eine Bildungsoffensive, die die Bildungsinstitutionen aus der Misere nationaler Sparzwänge erlöst, eine Befreiung von Wissenschaft und Forschung aus der Zumutung, nur noch Misere zu verwalten, ein gesamteuropäisches Konzept zur Förderung und Vermittlung von Kunst aller Sparten, verstärkter Kulturaustausch, radikale Ausweitung von Erasmus- und Leonardo-Programm, aber auch Austausch von Journalisten, wie es beim *Young European Journalists*-Projekt in Potsdam geschieht – wir brauchen keine neuen europäischen Medien, wir brauchen Europäer in den Medien. Und wir brauchen Fantasie und Kreativität – dafür ist der diesjährige Preisträger des *M100 Media Award*, der Tänzer und Choreograph Erdem Gündüz, ein wunderbares Beispiel –, um friedlich den öffentlichen Raum zu erobern, den Anspruch auf politische Partizipation zu demonstrieren, und über nationale Grenzen hinauswirkende Diskussionen zu befördern, wie die neue gemeinsame Demokratie aussehen kann, die wir in Europa aufbauen müssen.

Europa ist in seiner Voraussetzung ein kulturpolitisches

Projekt und muss daher in diesem politischen Feld gemeinsam engagierter und kreativer werden: Es ist Nationalismus in seiner schrulligsten Form, dass europäische Nationalstaaten, allen voran Deutschland, sich weigern, kulturpolitische Kompetenzen an die Europäische Kommission und das Europäische Parlament zu übertragen, und am allerschrulligsten ist die Begründung, nämlich dass Kulturpolitik in subsidiärer Entscheidungshoheit bleiben müsse. Genau diese würde eine gemeinsame europäische Kulturpolitik ja nicht unterbinden. Das Subsidiaritätsprinzip ist im Lissabon-Vertrag festgeschrieben und der einzige Punkt, den niemand, der sich mit der europäischen Entwicklung beschäftigt, antasten möchte. Im Gegenteil: Dieses Prinzip muss konkretisiert und noch weiterentwickelt werden. Alle großen kulturellen Leistungen sind regional entstanden, aber klar ist auch, dass sie Bedeutung nur erlangen konnten, weil sie zugleich auch universal waren. Sie zur Unterfütterung von nationaler Identität und Nationalstolz auszustellen, führt zu einer Einschränkung ihrer Bedeutung und Missbrauch. Wenn es aber gelänge, die Vielfalt der künstlerischen, kulturellen und wissenschaftlichen Leistungen Europas als gemeinsamen Reichtum wahrzunehmen und zu vermehren, das kulturelle Erbe Europas nicht als Summe »nationaler Beiträge« zu sehen, sondern als gemeinsames Erbe zu erwerben, um es zu besitzen, wenn es also gelänge, kulturpolitisch die entsprechenden gemeinsamen Rahmenbedingungen herzustellen, dann entstünde eine gemeinsame, aus vielen Facetten zusammengesetzte Identität, die weder individuelle Interessen uniformiert, noch regionale Besonderheiten auslöscht. Was verlorenginge, wäre nichts anderes als die Fiktion von Nationalstolz, dieses eigentümliche Phänomen, just darauf am meisten stolz zu sein, wofür man nichts kann und wozu man nichts beigetragen hat, nämlich zufällig innerhalb der Grenzen eines bestimmten Territoriums zur Welt gekommen zu sein, Grenzen, die noch dazu in Europa heute nicht mehr existieren. Eine europäische Kulturpolitik, die den Nationalstolz zu Grabe trägt, wäre ein großer Schritt in Richtung Vollendung der Aufklärung, und sie führte zu einem europäischen Bewusstsein, dem dann die Blockaden durch nationale Wirtschafts- und Fiskalpolitik nicht mehr standhielten. Ein kleiner Beitrag von 99 Cent pro Bürger pro Jahr wäre schon ein großer Schritt auf diesem Weg, zugleich der Kern, aus dem eine gesamteuropäische Fiskalpolitik und ein europäisches Budget erwachsen könnten. Die EU braucht für eine vernünftige und in ihrer Sinnhaftigkeit deutliche Politik der Verflechtung und Harmonisierung der Lebens- und Arbeitsbedingungen in Europa ein eigenes Budget, statt von den Mitgliedszahlungen der Nationen abhängig zu sein, die aggressiv um Rabatte feilschen, was wiederum nur nationalistische Ressentiments schürt.

Harmonisierung der Rahmenbedingungen für die Vielfalt der Lebenskulturen auf diesem Kontinent: Das ist ein kulturpolitischer Anspruch, der in alle Politikfelder fortwirkt. Warum soll denn ein Mensch in Hessen in völlig anderen Rahmenbedingungen sein Leben zu machen versuchen als ein Bewohner der Alpentäler? Haben all diese Menschen grundsätzlich so unterschiedliche Interessen und so verschiedene Erwartungen an das Leben? Warum soll ein Mensch an seinem Lebensort die Arbeit verlieren, weil ein Unternehmen den Standort wechselt, nachdem ihm innerhalb einer vorgeblich gemeinsamen Union woanders billigere Bedingungen geboten werden? Oder radikale Lohneinschnitte hinnehmen, um dem nationalen Budget zu ermöglichen, transnational agierende Banken zu retten? Entspricht das dem Bedürfnis der Menschen, in Würde und Anstand unter Voraussetzungen, die für alle gleichermaßen gelten, auf seine je eigene Weise Chancen wahrzunehmen und sein Glück zu suchen? Welche Chancen hat er denn, wenn er ein Opfer der Fiktion »nationaler Interessens-politik« oder erzwungener nationaler Austerity-Politik wird? Es ist ja just die oktroyierte nationale Austerity-Politik, die nicht die geringste Rücksicht auf je gewachsene Kulturen und Mentalitäten der Menschen nimmt, sie alle über den Läu-sekamm der Misere schert, und ihnen schon die Voraussetzun-gen raubt, sich als Teil einer vielfältigen und reichen Kultur zu erfahren, frei und selbstbewusst in ihr zu leben und sie weiter-zuentwickeln.

Wer den Glauben an den schönen Sinn einer europäischen Kulturpolitik als blanken Idealismus abtut, sagt damit, dass Ideale keinen Wert haben – und soll jetzt erklären, warum dann der knallharte Pragmatismus so viele reale Werte zer-stört hat!

Die Wirtschafts- und Fiskalunion wird kommen – wenn die Europäer begreifen, dass sie die Europäer sind. Die Bürger, die die europäische Kultur hervorbringen, werden dann auch ihr politisches Gemeinwesen neu zu organisieren wissen. So kann die Europäische Republik entstehen.

Zukunftsmusik? Ja! Ist es nicht die Zukunft, die wir wieder lernen sollten aktiv zu gestalten, statt passiv zu fürchten? Und Musik – klar! Hört sich doch gut an!

Die Welt von morgen. Auswege aus der Krise

Sehr geehrte Damen und Herren!

Dieses Jahr fängt ja gut an. Ich habe die Krise.

Im vergangenen Jahr war ich zu zahlreichen Europa-Kongressen und Veranstaltungen eingeladen, habe Woche für Woche Vorträge gehalten, auf Podien gesessen und diskutiert, für Arbeitskreise Papiere geschrieben. Dabei machte ich eine bestürzende Transformation durch. Anfangs euphorisiert vom großen Interesse an europapolitischen Debatten und vom großen Engagement vieler Initiativen, Veranstalter und Organisatoren, fühlte ich mich bald wie ein Hamster im Laufrad, schließlich wie ein alter Socken in der Waschtrommel.

Ja, ich bekam die Krise. Aber vielleicht ist das die ideale Voraussetzung, um jetzt mit Ihnen über das heute mir gestellte Thema »Auswege aus der Krise« zu reden.

Ich habe jetzt tagelang nicht schreiben können, aus Erschöpfung, vor allem wegen des bohrenden Gefühls der Sinnlosigkeit und Aussichtslosigkeit meiner Bemühungen. Schließlich bin ich nervös geworden, dann panisch, weil der Tag immer näher rückte, an dem ich hier vor Ihnen stehen und reden sollte. Aber jetzt habe ich immerhin schon sieben Sätze mit »Krise« geschrieben und einen Anfang gemacht. Und damit sind es jetzt acht.

Sie sehen, mit welch kleinen Schritten man nur vorankommt, wenn man eine Krise hat. Nach diesem Satz könnte ich schon nahtlos zu einer Reflexion der Europapolitik übergehen, auf die diese Beobachtung zweifellos auch zutrifft – aber ich möchte doch noch kurz über meine Krise reden, erzählen, warum ich sie bekam. Allerdings: warum sollte Sie das interessieren? Wenn in den Zeitungen, die wir alle lesen,

»Krise!« steht, dann ist ja der Euro gemeint, und nicht ich, wenn die Medien, die wir alle konsumieren, über »Depression!« berichten, ist es nicht meine Depression, sondern die der Börsen, und die »Nervosität!«, mit der wir uns auseinandersetzen müssen, ist nicht meine, sondern die der Märkte. Wer rettet mich? Aber wir retten die Banken.

Aber das alles erfasst einen natürlich doch. Und das ist wirklich seltsam: Wir haben eine Krise – in der wir gar nicht vorkommen. Sie trifft nur alle. Und mit den Symptomen, die *wir* haben, beschreiben wir abstrakte Mächte und Institutionen. Und wir, die das beunruhigt, sollen diese beruhigen.

Das ist doch verrückt. Wir haben eine Krise, jeder hat dieses dumpfe Krisengedröhne unausgesetzt wie einen Tinnitus in den Ohren. Für sehr viele Menschen bedeutet diese Krise ganz konkret Misere, aber wir heben sie gemeinsam in eine abstrakte Sphäre, und machen irgendwie weiter und lassen zu, dass es irgendwie immer so weitergeht.

Ich muss gestehen, dass ich nicht weiß, warum das so ist, aber davon muss ich ausgehen: Im Krisen-Diskurs kommt die Realität gar nicht mehr vor. Wir bekommen die Krise nicht in den Griff, können immer nur mühsame kleine Schritte machen, die nicht aus der Krise herausführen, aber in einer Weise in ihr herumtrampeln, dass wir sie eher noch verschärfen. Die Realität ist nicht begriffen mit den Phrasen, die die europapolitische Debatte beherrschen. Die Phrasen purzeln aus überlebten Ideologien heraus und beschreiben Fiktionen, Expertenwissen wird gehandelt wie Fototapeten, trübsinnig machende Illusionsbilder in unwirtlichen Räumen.

Ein Beispiel: ich war zu einer Diskussionsveranstaltung an der Universität einer mitteldeutschen Kleinstadt eingeladen. Ich will davon erzählen, nicht weil es so außergewöhnlich, sondern weil es so typisch war. Die Mitdiskutanten auf dem Podium waren allesamt illustre Herren: ein Wirtschaftswissenschaftler, ein Verfassungsrechtler, ein Journalist. Zunächst gab es ein Impulsreferat des Ökonomen, das im Wesentlichen eine Nacherzählung der Kettenreaktion war, die vom griechischen Haushaltsdefizit über die Reaktionen der Ratingagenturen und die Nervosität der Märkte zum Euro-Rettungsschirm führte. Letzteren kritisierte er als wahrscheinlich ungenügend, während er aber Eurobonds kategorisch ablehnte, weil sie den deutschen Interessen widersprächen. Ich zweifle nicht daran, dass das alles faktisch und fachlich korrekt war, dennoch war es als Analyse völlig irreal, insofern er ein europäisches, eindeutig transnationales Problem gleich zweifach renationalisierte: »Die Griechen« sind schuld, »die Deutschen« müssen ihre Interessen verteidigen. Genauso schlüssig hätte ein Astrophysiker die europäische Finanzkrise mit Begriffen wie »schwarzes Loch«, »sich verdichtende Materie«, »sich ausdehnender Raum« und »Zeitkrümmung« beschreiben können, was sicher möglich wäre – wenigstens würde er damit nicht beim Nationalismus landen.

Ich wollte etwas entgegnen, durfte aber nicht, denn nun sprach der Moderator. Zunächst entschuldigte er sich dafür, dass keine Frau auf dem Podium saß – und ich ertappte mich dabei, wie ich nun selbst in die Nationalismus-Falle tappte, ich dachte nämlich: »Typisch deutsch!«, diese Fettnäpfchen-Korrektheit: Zuerst unfähig, eine kompetente Frau einzuladen (und es gibt wahrlich genug), um dann durchblicken zu lassen, dass es ohnehin nur wegen der Quote gewesen wäre.

Nach einigen abstrakten Überleitungssätzen stellte der Moderator dem Professor für Verfassungsrecht eine Frage, die nichts mit dem Impulsreferat des Ökonomen zu tun hatte. Ich versuchte rasch darauf hinzuweisen, dass wir besser jetzt über das Impulsreferat diskutieren sollten, denn was sonst sollte der Sinn eines Impulsreferats sein. Den Teilnehmern des Podiums eine jeweils ganz andere Frage zu stellen, würde doch nie zu einer Diskussion führen, sondern nur zu einer Abfolge von Monologen. Dieser Vorschlag wurde weggewischt. Ich habe unzählige solcher Podiumsdiskussionen erlebt und die Erfahrung gemacht, dass Moderatoren glauben, ihren Job dann gut zu machen, wenn sie nicht moderat sind. Wenn sie eine Diskussion verhindern, um die Kontrolle zu behalten. Es geht nie um Zeitfragen. Es geht nur abstrakt um Zeit: kontrollierte Verteilung der Redezeit, Einhaltung des Zeitrahmens.

Nun sprach also der Verfassungsrechtler. Er zeigte eine intime Kenntnis der deutschen Verfassung, sehr genaue Kenntnis des Europarechts, ich sage das wirklich anerkennend, er führte Widersprüche zwischen den beiden verschränkten Rechtsordnungen vor. Es wurde allerdings nicht klar, ob die Krise seiner Meinung nach durch Defizite im europäischen Rechtssystem entstanden sei oder ob sie wegen gewisser Defizite und Aporien des Europarechts und fehlender Kompetenzen der europäischen Institutionen jetzt nicht so einfach gelöst werden könne. Er zeigte kein Interesse, den Ist-Zustand, in dem er sich perfekt auskannte, weiterzudenken, Grundzüge einer vernünftigen Europäischen Verfassung zu diskutieren – am Ende seiner Wortmeldung ging es nur noch darum, was alles nicht ginge, nicht sein dürfe, und im Zweifelsfall rief er: Karlsruhe!

Daraufhin stellte der Moderator dem Journalisten wieder eine ganz andere Frage. Nun, nach den Parallelwelten der Abstraktionen, tauchten wir ein in die Welt des Scheins, der Erscheinungsformen des Seins. Wir erfuhren Sichtweisen! Die Sichtweise des deutschen Steuerzahlers, die Sichtweise des reichen Nordens auf den armen Süden, und die Sichtweise Europas und der Welt auf die Deutschen. Und dann stellte er die Frage, die die Diskussion bis zum Schluss dominieren sollte, die Frage, bei der auch der Ökonom und der Jurist plötzlich eine große gemeinsame Schnittmenge fanden, die Frage, die dann auch die Wortmeldungen aus dem Publikum vornehmlich beschäftigte, die Frage, die alles andere nicht nur an den Rand, sondern über den Rand hinausdrängte. Und ich dachte: »Nicht schon wieder!«, als er diese Frage stellte: »Soll Deutschland seine Führungsrolle in Europa – gerade angesichts der Krise – eher selbstbewusst oder eher demütig annehmen?«

Mit nach innen gewendeter Verklärung, so wie man ein süßes Bonbon im Munde hin- und herschiebt, wurde die deutsche Lage ausgekostet, das politische Gewicht Deutschlands, die Wirtschaftsleistung, die Handelsbilanz, die nationalen Interessen, die Kosten, die Deutschland in der Union zu tragen habe, das schwindende Verständnis der deutschen Steuerzahler, die Zwangssituation, in der sich der Deutsche Bundestag befindet, wenn er etwa über das Schicksal Griechenlands entscheidet …

Verstehen Sie, warum ich die Krise bekam? Weil ich das alles nicht mehr verstehe. Ich verstehe nicht, warum von so vielen das Einfachste nicht verstanden wird. Ich meine, der europäische Einigungsprozess und die Krise, in der wir uns befinden, mögen ja sehr komplex sein, aber kann man sie füglich diskutieren, wenn man schon die einfachsten Voraussetzungen nicht verstanden und anerkannt hat? Es war die erfahrungsgesättigte Idee des europäischen Einigungsprojekts, eine »Führungsmacht Deutschland« in Europa in alle Zukunft zu verhindern. Die Selbstverständlichkeit, mit der politische Eliten, Experten und Journalisten heute einen deutschen Führungsanspruch in Europa festschreiben, ist also zutiefst antieuropäisch, auch wenn es im Glauben geschieht, so die europäische Krise irgendwie meistern zu können. Ist da die Therapie nicht die eigentliche Krankheit? Ist das wirklich so schwer zu verstehen? Die supranationalen Institutionen

Europas waren als Instanzen zur Überwindung der National-staaten gedacht, und nicht als Bühne der Nationalstaaten. Ist das so schwer zu verstehen? Von nationalen Interessen gelei-tete Europapolitik ist also zutiefst antieuropäisch und kann die europäische Krise nur verschärfen. Ist das so schwer zu verstehen?

Euroland hat eine gemeinsame Währung, einen gemeinsa-men Markt, de facto eine gemeinsame Volkswirtschaft. Da ist doch der Begriff »Export« innerhalb dieses Währungs-raums und Marktes völlig irreführend, und es ist absurd, auf der Basis von nationalen Handelsbilanzen den Norden gegen den Süden auszuspielen, zumal die Handelsbilanz des Binnen-marktes in sich und im Gesamten betrachtet ausgeglichen ist. Ist das so schwer zu verstehen? Es sind nicht alle Menschen im Norden reich, nicht alle im Süden arm. Es gibt Armut auch in Deutschland, Millionäre in Italien. Es ist doch verrückt und gemeingefährlich, auf der Basis von nationalen Statistiken Ressentiments und nationalistische Aggressionen zu schüren, indem man den einen sagt: Ihr müsst für die Faulen da unten zahlen, und den anderen sagt: Ihr seid entmündigt! Ist das so schwer zu verstehen?

Warum lassen sich Politiker noch immer von Nationalöko-nomen beraten? Warum wird Nationalökonomie überhaupt noch als eigenes Fach an den Universitäten gelehrt, und nicht als Kapitel der Geschichtswissenschaft? Dieses Fach hat kein Substrat mehr in der Wirklichkeit, es gibt keine Nationalöko-nomie mehr. Ich verstehe, dass Nationalökonomen eine Welt wieder herstellen wollen, die mit ihrem Wissen übereinstimmt, aber ich verstehe nicht, wie das heute in der Europapolitik ge-hen soll. Ist das so schwer zu verstehen?

Was sind nationale Interessen? Hat zum Beispiel ein deut-scher Lehrer radikal andere Interessen als ein portugiesischer Lehrer, hat ein deutscher Rentner wirklich so ganz andere Interessen als ein griechischer Rentner, hat ein Arbeiter in Thüringen wirklich mehr gemeinsame Interessen mit einem Manager in Bayern als mit einem Arbeiter im Peloponnes? Habe ich als Wiener mit den Menschen in Vorarlberg, wohin ich acht oder zehn Stunden mit der Bahn fahren muss, auf Grund desselben Passes automatisch mehr gemeinsam als mit Menschen in Bratislava, das vierzig Minuten von Wien entfernt ist, aber Hauptstadt einer anderen Nation? Das kann doch niemand ernsthaft behaupten. Worum geht es denn in Wirklichkeit? Um Rahmenbedingungen, in denen ein Leben in Würde, Rechtszustand, Sicherheit möglich ist. Es geht um Verteilungsgerechtigkeit, und das bedeutet heute: um die gerechte Verteilung der Gewinne einer gesamteuropäischen Wertschöpfungskette, die längst Realität ist. Es geht politisch um die Gewährleistung von Lebenschancen, auf der Basis der Menschenrechte, und nicht auf der Basis der jeweiligen Macht und des jeweiligen politischen Gewichts von Nationen!

Nationale Interessen – das ist Fiktion. Ist das wirklich so schwer zu verstehen?

Aber diese Fiktion wird verteidigt, auf diesen Fiktionen wird insistiert, und es ist des Staunens kein Ende, weil sie nicht mehr mit der Realität übereinstimmt.

Deshalb ist die Krise, die sich ökonomisch, finanzpolitisch, sozialpolitisch verschärft und in das Leben von Millionen Menschen auf diesem Kontinent auf sehr konkrete Weise verheerend hineinwirkt, auch zu einer Krise der Diskussion über die Krise geworden, und zu meiner persönlichen Krise insofern, als mich dies zunehmend apathisch und hilflos macht.

Mich langweilt, wie monoton in den Medien, in allen Foren der Öffentlichkeit, die Euro-Krise als Widerspruch nationaler Interessen verhandelt wird, mich langweilt die unausgesetzt demonstrierte Feigheit und Fantasielosigkeit, die mit Pragmatismus verwechselt wird, mich langweilt, wie tagein, tagaus Geschichtsblindheit als bedenkenswerte Sehweise und aufgeregt vorgetragene Unkenntnis von Fakten als legitime Meinung anerkannt werden. Mich langweilen die EU-Gegner, die in schlechter Unendlichkeit jedes Symptom der Krise nicht gegen das Krisenmanagement der Staats- und Regierungschefs im Europäischen Rat, sondern automatisch gleich gegen die EU insgesamt und sogar gegen die Idee der europäischen Gemeinschaft ins Treffen führen. Die Romantiker, die sich historisch gegen die Moderne stemmten, waren wenigstens noch Romantiker und zu Kulturleistungen fähig, aber was sich heute in der EU-Kritik breitmacht, ist blinde Aggression, Zerstörung von Kultur und von gesellschaftlichen und politischen Errungenschaften. Mittlerweile langweilen mich auch jene EU-Befürworter, EU-Verteidiger, EU-Repräsentanten, die nichts kennen als Phrasen, Phrasen, Phrasen, ein Geraune inhaltsleerer Beteuerungen. Etwa dass wir »mehr Europa« brauchen, ohne dass sie sagen können, was sie darunter verstehen, aber dass sie jedenfalls »glühende Europäer« seien, immer dieses blöde Adjektiv »glühend«, als hinge die Zukunft von ihrer Fieberkurve ab, während sie nicht einmal das schönste Geschenk des Fiebers, nämlich das Fantasieren, annehmen. Und ich fürchte mich schon jetzt davor, wie große Teile der politischen Eliten, die in ihren Ländern europapolitische Verantwortung haben, sich vor Stimmenverlusten bei der kommenden Europawahl zu fürchten beginnen und sich mit der Phrase »Man muss die Menschen dort abholen, wo sie sind« tatsächlich dorthin begeben werden, nämlich auf deren Standpunkt.

Aber dort sind nicht alle. Und die Zukunft wird von dort nicht ausgehen.

Nach dem Kongress in der mitteldeutschen Kleinstadt bin ich weitergereist in den Norden Deutschlands, wo ebenfalls ein Europa-Kongress stattfand. Dort traf ich auf Männer und Frauen, die darüber diskutierten, wie eine nachnationale Demokratie entwickelt werden könnte, die als politisches Legitimations- und Ordnungssystem der transnationalen Währung entspräche, die ja bereits Realität ist. Die Diskussionen verliefen engagiert, aber völlig entspannt, das heißt ohne ein Anzeichen dafür, dass der Verlust nationaler Souveränität ein Problem, und der Verlust nationaler Identität eine Katastrophe wäre. Da begriff ich: Die Hanseaten wissen aus der Erfahrung von ich weiß nicht wie vielen Generationen, dass sie keine Nation brauchten, um zu Wohlstand zu kommen, und dass sie auch die nationale Wiedergeburt Deutschlands durch die Wiedervereinigung nicht brauchten, um ihren Wohlstand zu sichern und zu vermehren. Sie haben schon transnational gedacht, gelebt und gehandelt, da gab es noch keine deutsche Nation. Und mit dieser Expertise gehen sie in die Zukunft, der nachnationale europäische Prozess erscheint ihnen völlig geschichtslogisch. Was war denn die deutsche Nationswerdung ökonomisch gesehen? Aus vierzig Kleinstaaten wurde ein größerer gemeinsamer Markt. Und jetzt ist er noch größer. Aber nicht mehr national. Was der logische nächste Schritt ist. Punkt. Und was war die deutsche Nationswerdung politisch gesehen? Eine Kriminalgeschichte – erlöst erst durch ein demokratisches System, das nicht selbst erkämpft, sondern von Befreiern implementiert wurde, nachdem Abermillionen nationalistischer Aggression zum Opfer gefallen waren. Jetzt an der Entwicklung einer nachnationalen Demokratie mitzuarbeiten, die den objektiven Erfordernissen einer mittlerweile längst transnationalen Welt entspricht, wäre nur der erste selbstbestimmte und selbstbewusste Akt der Konstituierung eines demokratischen Systems.

Das war lehrreich. Die Diskussion bei diesem Kongress bewies nicht nur, dass die Reflexion historischer Erfahrungen zu anderen Einsichten kommt als die bloße Verteidigung von

Gewohntem und einmal Gelerntem. Sie zeigte auch, dass Begriffe wie »nationale Identität« oder »nationale Interessen« nicht so selbstverständlich vorausgesetzt werden müssen, wie es deren Verteidiger unterstellen. Und überhaupt nicht mehr funktionieren diese Begriffe für viele Jüngere, die Erasmus-Generation, die man mittlerweile Trotzdem-Europäer nennen könnte. Denn was von den Rats-Gipfeln kommt, macht sie wütend, und die Unterfütterung von Anti-EU-Ressentiments in den diversen Staaten erst recht. Aber sie haben an verschiedenen europäischen Universitäten studiert und Erfahrungen gemacht und sind polyglott; Euro, offene Grenzen, Niederlassungsfreiheit sind für sie Selbstverständlichkeiten. Sie werden sich das nicht mehr nehmen lassen.

Aber genügt das?

Natürlich nicht. Dennoch habe ich mich jetzt einer Lösung genähert.

Ich habe eingangs gesagt, dass man in der Krise nur kleine fruchtlose Schritte machen kann. So wie in einer Schreibkrise: ein Satz, dann mühsam wieder ein Satz, Sätze zählen wie Erbsen zählen und so weiter, und selbst dabei kann man sich verrennen. Aber jetzt habe ich doch, in meiner Not und durch äußeren Druck, plötzlich ein paar größere Schritte gemacht. Es geht also doch. Allerdings muss man wissen, wohin man will. Und ich bin mittlerweile der festen Überzeugung, dass die Euro-, EU- und europäische Stimmungskrise so lähmend ist, weil die politischen Eliten aus verschiedenen Gründen das System, das diese Krise produziert hat, tunlichst nicht antasten wollen. Denn sie haben wirklich keine Vorstellung oder nur unsinnige Vorstellungen vom Vernunftgrund des europäischen Einigungsprozesses. Sie haben die Idee vergessen oder verdrängt, und kein Ziel vor Augen. Und auch wir, wir alle, haben es noch nicht geschafft, deutlich und vernehmlich die Debatte darüber zu führen, wie die Zukunft aussehen soll, die wir gestalten wollen, konkrete Vorstellungen davon zu entwickeln, wie wir leben wollen, wie die politischen und ökonomischen Bedingungen für ein gesellschaftliches Leben organisiert sein müssten, das nicht von Krisenstimmung, Ängsten, Misere, Wut und Ressentiment bestimmt wäre. Das wäre doch die Voraussetzung: zu verstehen, woher wir kommen, die Idee, die Absicht zu rekonstruieren, sie zu überprüfen und schließlich zu konkretisieren. Dann könnten wir kühner, gleichermaßen vernünftig wie begeistert und begeisternd größere Schritte setzen.

Zur Erinnerung und als Voraussetzung für die Diskussion: Es geht nicht ohne Rekonstruktion der Idee. Nur wenn ins allgemeine Bewusstsein durchsickert, was überhaupt die Aufgabe der EU ist, kann man über sie und ihre Zukunft diskutieren. Die Idee entstand auf den Trümmern eines von Kriegen verwüsteten Kontinents. Die Gründergeneration des Einigungsprojekts hatte begriffen: Friedensverträge und Bündnisse zwischen Nationalstaaten können Kriege nicht verhindern. Die Wurzel der Kriege in der Moderne, in denen nicht bloß bezahlte Söldner aufeinander losgehen, sondern ganze Völker übereinander herfallen, die Wurzel dieser Kriege, die die Zivilbevölkerung in Mitleidenschaft ziehen und bis zu Massenmord und Genozid führen und alle Kultur und Zivilisation zerstören, ist der Nationalismus. Das ist die Einsicht, die davor schon eine Reihe von Dichtern und Intellektuellen hatte, zum Beispiel Stefan Zweig 1941 im Vorwort zur *Welt von Gestern*. Nachhaltiger Friede kann also nur geschaffen werden, wenn man den Nationalismus aus der Welt schafft. Das wäre möglich durch die Schaffung supranationaler Institutionen, an die die Nationalstaaten nach und nach Souveränitätsrechte abgeben, bis am Ende die Nationalstaaten absterben. Das ist eine kühne und radikal aufgeklärte Idee. Mit dieser Idee hat es begonnen, das war die Absicht. Und das ist jetzt keine Meinung, sondern ein Faktum. Walter Hallstein, ein Deutscher, der erste Präsident der Europäischen Kommission, sagte in seiner Antrittsrede: »Das Ziel des europäischen Einigungsprozesses ist die Überwindung der Nationalstaaten!« Solange es heute oder morgen kein Kommissionspräsident und kein deutscher Spitzenpolitiker wagt, diesen Satz frei und geradeheraus zu sagen, so lange haben wir die Krise.

Wie ist die Krise entstanden? Eine Krise ist nichts anderes als der Reigen von Symptomen, hervorgerufen durch einen unproduktiven Widerspruch. Was ist nun der Widerspruch? Die nachnationale Entwicklung hat in über sechzig Jahren politisch, institutionell, wirtschaftlich und gesellschaftlich überraschend weit getragen und eindeutig große Erfolge vorzuweisen. Sie hat so weit getragen, dass die Entwicklung nun an den Kern nationalstaatlicher Souveränität geht – und da begann der Widerstand, der Abwehrkampf des Nationalismus, der Versuch der Renationalisierung. Wenn wir uns die Struktur der EU anschauen und überprüfen, wo die Blockaden sind, sieht man das mit aller Deutlichkeit: Der Widerspruch ist wesentlich der Widerspruch zwischen den Ergebnissen der bisher stattgefundenen nachnationalen Entwicklung und den Renationalisierungstendenzen. Dieser Widerspruch zieht sich durch alle Politikfelder und die Institutionen. Wir wählen ein europäisches Parlament, wir können die Abgeordneten aber nur auf der Basis nationaler Listen wählen, und de facto werden die relevanten Entscheidungen in den Gipfeln der nationalen Staats- und Regierungschefs getroffen. Wir haben mit der europäischen Kommission eine supranationale Institution, die die europäischen Verträge hütet und die gesamteuropäischen Interessen vertreten soll, die Kommissare aber werden von den nationalen Regierungen nominiert. Und so weiter.

Wir haben mit der Einführung des Euro einen großen Schritt in der nachnationalen Entwicklung gemacht, wenngleich wegen nationaler Egoismen und Schrullen einzelner Mitgliedstaaten nicht mit der Union insgesamt. Und dann wurden noch innerhalb des Euro-Raums nationale Interessen verteidigt, die dazu führten, dass die transnationale Währung nicht mit den gemeinsamen politischen Instrumenten ausgestattet wurde, die notwendig wären, um eine Währung zu managen und das Vertrauen in sie zu erhalten. Es war nicht die Verschiedenheit der sogenannten Volkswirtschaften, sondern der Widerstand gegen eine gemeinsame Währungspolitik, der zu der Finanzkrise führte. Und dieser Fehler der Gemeinschaft wurde dann auch wieder renationalisiert: durch Schuldzuschreibungen an einzelne Nationen, die zu nationaler Austerity-Politik gezwungen wurden, diese wiederum haben Misere produziert, und zu Recht auch Wut – leider auf die Falschen.

Das alles sind, wie Sie wissen, keine Meinungen, sondern Fakten.

So kann man das ewig weiterdeklinieren, aber es ist schon völlig klar, dass die Krise nicht innerhalb dieses Widerspruchs gelöst werden kann, schon gar nicht durch weitere Verteidigung nationaler Interessen – die auch den Bürgern einer jetzt mächtig erscheinenden Nation nur zum Schaden gereicht, denn diese Politik produziert immer höhere Kosten und immer größere soziale Gefahren.

Was ist also die Aufgabe? Diesen Widerspruch aufzubrechen.

Die Einführung des Euro war eine richtige Entscheidung. Denn die nationalen Grenzen sind für Investitionen und Gewinnrückführungen längst geöffnet, die Wertschöpfung funktioniert längst transnational. Was aber fehlt, ist die Organisation einer europäischen Demokratie, die die Gewinne der gesamteuropäischen Wertschöpfungskette auch gesamteuropäisch gerecht verteilen kann. Nationale Wirtschaftpolitik, nationale Fiskalpolitik kann das nicht leisten. Nationale Parlamente müssen entweder gegen die Interessen ihrer Wähler entscheiden, wie in den Austerity-Staaten, oder in die Souveränität anderer Länder eingreifen, wie Deutschland. Das ist keine Demokratie mehr. Das ist die Zerstörung nationaler Demokratie, bei gleichzeitiger Verhinderung einer europäischen Demokratie.

Was kann also nur das Ziel sein? Die Entwicklung eines neuen, europäischen, transnationalen Demokratiemodells. Aus der Geschichte wissen wir, wenn wir es wissen wollen: Demokratiemodelle sterben, die Idee der Demokratie stirbt nicht. Unter neuen Voraussetzungen entwickelt sich ein neues Modell. Wir könnten ja auch stolz darauf sein, dass wir es bis zu diesem Punkt gebracht haben, die erste transnationale Demokratie zu verwirklichen, was nicht nur den objektiven Bedingungen und Notwendigkeiten entspräche, sondern zugleich absolute Avantgarde in der globalisierten Welt wäre.

Wir müssten nur endlich, endlich, endlich beginnen, zu diskutieren, wie sie konkret aussehen muss, welcher Institutionen und Mechanismen sie bedarf: die erste nachnationale Demokratie der europäischen *res publica*.

Das Jahr fängt gut an, meine Damen und Herren. Unsere Diskussion wird konkret. Und wir wissen: Jahrhunderte brauchen immer rund eineinhalb Dekaden, um zu sterben. Das 18. Jahrhundert starb 1815 mit dem Wiener Kongress. Das 19. Jahrhundert starb 1914 mit dem Weltkrieg. Das 20. Jahrhundert war das Jahrhundert des Nationalismus und seiner brutalsten Konsequenzen, schließlich der Lehren daraus bis hin zur Transformationskrise der Nationen. Wir schreiben das Jahr 2014. Diese Krise ist das Messer im Rücken des 20. Jahrhunderts. Wer soll uns jetzt hindern, im 21. Jahrhundert anzukommen?

Europa Countdown

Sehr geehrte Damen und Herren!

Ich habe, wie mir nachdrücklich gesagt wurde, zehn Minuten Redezeit. Das ist sehr kurz, gemessen daran, was alles gesagt werden muss – aber zehn Minuten sind andererseits auch sehr lange, wenn man bedenkt, dass es fünf vor zwölf ist. Denn das Europäische Projekt befindet sich, sachlich betrachtet, an der Kippe. Allerdings besteht dennoch kein Anlass für Alarmismus: Die Uhr scheint ja stehen geblieben zu sein, denn ich lese seit Monaten in den Zeitungen, dass es fünf vor zwölf ist. Und wir wissen vom großen Historiker Theodor Mommsen, dass nach dem Untergang Roms Jahrzehnte vergingen, bis die Römer begriffen hatten, dass sie untergegangen waren. Es wird also, selbst wenn ich meine Redezeit dramatisch überziehe, und erst recht, wenn Sie und wir alle noch jahrelang reden oder schweigen, auch fünf *nach* zwölf *business as usual* geben – ganz einfach weil es über alle Epochenbrüche hinweg immer *business* gab, das ist es ja, was *usual* ist, erst recht heute, da man sich darauf verständigt hat, dass es ein »Spiel« ist, und das ist es doch, sonst würden wir nicht diejenigen, die den Reichtum der Welt abschöpfen, *global player* nennen.

Aber lassen wir die Schnörkel! Nur noch neun Minuten!

Warum ist das Europäische Projekt gefährdet? Ich brauche zwei Minuten, um zunächst einmal in Erinnerung zu rufen, was die Europäische Gemeinschaft und schließlich die Europäische Union sein sollte.

In der ersten Hälfte des 20. Jahrhunderts hatte der Nationalismus in Europa zu zwei verheerenden Weltkriegen und zum größten Menschheitsverbrechen, zu Auschwitz, geführt. Aus diesen Erfahrungen musste eine Lehre gezogen werden, dies sollte nie wieder geschehen können. Die Frage war, wie es gelingen könne, die verfeindeten Nationen nachhaltig auszusöhnen und den Nationalismus zu überwinden, so dass ein friedliches und freies Zusammenleben auf diesem geschichtsverwüsteten Kontinent möglich wird. Die Gründerväter des Vereinten Europas hatten die Idee, die Ökonomien der Nationalstaaten so zu verflechten, dass ein System wechselseitiger Abhängigkeiten, schließlich eine Partnerschaft auf der Basis gemeinsamer Interessen entsteht, die nationale Sonderwege, die sich historisch als gemeingefährliche Irrwege erwiesen haben, verunmöglicht. Es begann bekanntlich mit der Europäischen Gemeinschaft für Kohle und Stahl – warum? Kohle und Stahl sind kriegswichtige Güter, zugleich waren sie Anfang der Fünfzigerjahre maßgebliche Produktionsfaktoren für den Wirtschaftsaufschwung. Sie zu vergemeinschaften und einer gemeinsamen Kontrolle zu unterwerfen, sollte den innereuropäischen Frieden sichern und ein gemeinsames Prosperieren gewährleisten. Mit der Gründung einer Hohen Behörde, die gemeinsame Regelungen für die Mitgliedstaaten der Montanunion treffen konnte, war die erste supranationale Organisation geschaffen und die nachnationale Entwicklung eingeleitet.

Es war damals perspektivisch klar, und diese Einsicht bleibt klar, auch wenn sie heute in Vergessenheit zu geraten droht: Der Nationalismus, mit dem auf unserem Kontinent die schrecklichsten Erfahrungen gemacht worden waren, kann nur an der Wurzel besiegt werden, das heißt letztlich durch die Überwindung des Nationalstaats. Das ist sehr wichtig, das ist es, was wir uns heute in Erinnerung rufen müssen: Das »Friedensprojekt EU« ist im Kern ein Projekt zu Überwindung der Nationalstaaten. Nur »Friedensprojekt« zu sagen klingt nett – und für viele bereits langweilig. Es ist augenblicklich wieder spannend – und wir verstehen auch sofort die

Widersprüche, die wir heute als »Krise« erleben, wenn wir nicht vergessen: Von Anfang an war das die Utopie, dass am Ende das Ende der Nationalstaaten stehen soll.

Noch sieben Minuten.

Die Überwindung des Nationalstaats ist eine zähe Angelegenheit, es zeigte sich, dass sie nur in kleinen Schritten erfolgen kann. Und weitere kleine Schritte wurden beharrlich gesetzt. Ökonomisch durch die immer konsequentere Verflechtung der Volkswirtschaften, den freien Kapitalverkehr und den gemeinsamen Markt, organisatorisch durch den Ausbau der supranationalen europäischen Institutionen. Lange Zeit wurde diese Entwicklung in der öffentlichen Wahrnehmung als vernünftig und faszinierend angesehen, und schließlich als so geschichtsmächtig, dass eine Umkehr unvorstellbar schien. Aber die Stimmung ist gekippt. Die Nationen haben zwar weitgehend Souveränitätsrechte an die supranationalen europäischen Institutionen abgetreten, aber der Nationalismus lebt in den Mitgliedstaaten neu auf. Der historische Basiskonsens der Europäischen Union, dass die Überwindung des Nationalismus notwendig, dass das Vorantreiben der nachnationalen Entwicklung vernünftig ist, ist selbst den politischen Eliten in Europa heute weitgehend abhanden gekommen. Dadurch ist das Europäische Projekt in den Grundfesten gefährdet.

Ich brauche jetzt zwei Minuten, um darauf hinzuweisen, dass der neue Nationalismus nicht bloß von gestrigen Rechtspopulisten getrommelt wird, die bedauerlicherweise immer mehr Zulauf haben – der neue Nationalismus ist vielmehr eine Bedrohung, die von der sogenannten Mitte der Gesellschaften der Mitgliedstaaten ausgeht. Solange das nicht erkannt ist, wird man keine Antwort auf die gegenwärtigen Probleme der Europäischen Union finden, im Gegenteil: Dann ist der Kollaps vorprogrammiert.

Denn das Problem ist ja nicht, dass die nationalistischen Parteien von den »Wahren Finnen« bis zu den »Freiheitlichen Österreichern« (»freiheitlich« hat übrigens mit Freiheit so viel zu tun wie »schönheitlich« mit Schönheit!) aus irgendwelchen Gründen für viele Wähler überzeugender sind als die staatstragenden bürgerlichen beziehungsweise sozialdemokratischen Parteien, die noch die Regierungen der meisten europäischen Staaten bilden. Das Problem ist vielmehr, dass die nationalistischen Parteien und die Regierungsparteien der sogenannten Mitte eine Überzeugung teilen: nämlich dass die nationale Karte eine Trumpfkarte ist, wenn es um innenpolitische Legitimation geht. Die nationalen Rechten überzeugen nicht, sie holen bloß die Überzeugten ab, und überzeugt wurden diese längst schon von ihren Regierungen. Die Regierungschefs und Minister, die regelmäßig nach Brüssel fliegen und im Europäischen Rat Entscheidungen treffen, streifen bekanntlich während des Heimflugs den Europäer ab, setzen sich die nationale Clownsmaske auf und berichten, wie großartig sie die nationalen Interessen verteidigt, was sie im Ringen mit den »Bürokraten in Brüssel« für das eigene Land durchgesetzt, und was sie gegen die teuren Gelüste anderer Mitgliedstaaten verhindert haben. Die Botschaft ist: Wir sind zwar Mitglied der Europäischen Union, das muss irgendwann einmal ein blöder Sachzwang gewesen sein, aber wir, die gegenwärtige Regierung, kämpfen darum, dass »uns« das in unserer kuscheligen Nation nicht zum Schaden gereicht! Das passiert in allen Mitgliedstaaten, und man wundert sich, dass es überhaupt noch eine Gemeinschaft gibt bei so vielen national durchgesetzten Sonderregelungen und Ausnahmen, beziehungsweise angesichts der Tatsache, dass es immer wieder unmöglich ist, brennende gemeinsame Probleme gemeinsam zu lösen. Das Problem der Europapolitik heute ist, dass sie fast nur noch als nationalistische Mimikry auftritt, für die die nationalpopulistischen Parteien nicht Opposition, sondern bloß Lautsprecher sind. Ich könnte jetzt sehr lange die Beispiele aufzählen. Sie kennen sie!

Ich habe nur noch vier Minuten.

Ich komme zum Punkt. Hier zeigt sich, dass die Krise des Europäischen Projekts das Produkt einer politischen Schizophrenie ist, die, weil es zunächst gar nicht anders denkbar war, leider auch institutionell verankert wurde. Um mit der nachnationalen Entwicklung zu beginnen und diese voranzutreiben, mussten ja zunächst einmal die Nationen in die Gemeinschaft eintreten. Das konnten, demokratisch legitimiert, nur die nationalen Regierungen tun. Und sie schufen sich in der Gemeinschaft eine supranationale Institution, in der sich die politischen Repräsentanten der Nationen treffen: den Europäischen Rat. Der Beitritt bedeutete die Preisgabe nationaler Souveränität. Aber im Rat sehen es die nationalen Regierungen mittlerweile wieder als ihre Aufgabe an, die nationale Souveränität zu verteidigen. Der Rat kann also jetzt nur behindern, was er der Idee nach befördern sollte: die Überwindung des Nationalismus. Denn solange es weiterhin die nationalen Staats- und Regierungschefs und die nationalen Fachminister sind, die europapolitische Entscheidungen treffen sollen, diese aber ihre Legitimation nur durch nationale Wahlen erhalten, so lange bleibt in Europa der Nationalismus eine Lebensversicherung der politischen Eliten, und so lange muss die Verteidigung nationaler Interessen in der supranationalen Institution Europäischer Rat zur Aufhebung der Idee führen und zur Dauerblockade des nachnationalen Prozesses.

Ein Beispiel, ganz kurz, nur eine Minute, denn Sie kennen es bis zum Überdruss: die sogenannte Finanz- und Eurokrise, ausgelöst durch das Handelsbilanz- und Haushaltsdefizit Griechenlands. Hier zeigt sich, wenn man es sehen will, überdeutlich, dass diese Krise in Wahrheit eine historische Transformationskrise ist: Das Europa der Nationen kann die Krise nicht mehr lösen, das nachnationale Europa kann die Krise noch nicht lösen. Umgekehrt ist genau aus diesem Widerspruch die Krise entstanden und so dramatisch gewachsen: aus dem Widerspruch zwischen der nachnationalen Entwicklung, die bereits zu weitgehender wechselseitiger Abhängigkeit zwischen den Mitgliedstaaten geführt hat, und politischen Entscheidungsträgern, die ihre Legitimation nur durch stete Rücksichtnahme auf nationale Interessen und Befindlichkeiten organisieren können. Betrachtet man das Problem durch die nationale Brille, ist es riesig. Betrachtet man das Problem europäisch – ist es verschwunden. Das griechische Defizit beläuft sich auf zwei Prozent des europäischen Bruttosozialprodukts. Das soll von Europa nicht zu bewältigen sein? Kalifornien wäre froh, nur diese Schulden zu haben. Das Außenhandelsdefizit Griechenlands ist zu rund neunzig Prozent ein Defizit im Handel auf dem europäischen Binnenmarkt. Sehen wir uns den Exportweltmeister Deutschland an: Zu rund achtzig Prozent geht dieser sogenannte Export in den europäischen Binnenmarkt. Europäisch gesehen haben wir hier also eine relativ ausgeglichene Bilanz. Wie sieht es nun mit der wirklichen Außenhandelsbilanz Europas aus? Sehr gut, sie ist positiv. Wo also ist das Problem?

»Die Griechen« zahlen keine Steuern, haben keine Steuermoral? Die Staats- und Regierungschefs derselben Nationen, deren Steuerzahler heute voller Ressentiments über Griechenland schimpfen, haben nicht unwesentlich dazu beigetragen, dass es dazu kommen konnte. Niemand hat die EU daran gehindert, die Einführung der gemeinsamen Währung mit einer gemeinsamen Wirtschafts-, Finanz- und Fiskalpolitik zu verbinden und die Instrumente zu entwickeln, um sie durchzusetzen und zu kontrollieren. Niemand? Nein, doch, der Europäische Rat hat dies zu verhindern gewusst: Es gab nationale Regierungschefs, die das nicht wollten, sie haben gemeinsame fiskalpolitische Rahmenbedingungen in Europa nicht zugelassen, denn sie versprachen sich auf nationaler Ebene Vorteile davon, in einer europäischen Binnenkonkurrenz ihr je eigenes Süppchen zu kochen. Und heute, vor dem Scherbenhaufen, den sie angerichtet haben, holen sie ihre Wähler erst recht wieder dort ab, wo der Grund der Krise und nicht ihre Lösung liegt: bei ihren vorgeblichen nationalen Interessen, beim geheuchelten Verständnis für die Wut der je nationalen Steuerzahler.

Man könnte jetzt fragen: Was ist gegen die Verteidigung nationaler Interessen einzuwenden? Dazu nur ein Satz: Es kann, und dazu bräuchte es gar nicht unsere historischen Erfahrungen mit den Auswirkungen des Nationalismus, in grundsätzlichen Menschheitsfragen keine vernünftigen »nationalen Interessen« geben, so wie es auch bei den Menschenrechten keine nationalen Besonderheiten oder Sonderrechte geben kann.

Man könnte jetzt auch die Frage stellen, ob ein nachnationaler Kontinent, der sich immer deutlicher als eine »bloße« Wirtschaftsgemeinschaft zeigt, den Menschen mit ihren vielfältigen Sehnsüchten, Ansprüchen, Hoffnungen und Ideen, die doch alle irgendwo kulturell verwurzelt sind, Heimat und Identität geben kann. Ist das nachnationale Europa nicht bloß ein Europa des Kapitals, das eben seine nationalen Fesseln gesprengt hat, und nicht ein Europa der Menschen und ihrer Kulturen? Ja, das *Kapital*, das sollte man wieder einmal lesen. Zur Beantwortung dieser Frage eine Minute:

Die Europäische Union war nie eine bloße Wirtschaftsgemeinschaft, denn sie ging von Anfang an von einer sozialen und gesellschaftlich vernünftigen Idee aus: diesen Kontinent, nach den traumatischen Erfahrungen mit Nationalismus und Krieg, zu befrieden und Freiheit, Rechtszustand und Wohlstand zu gewährleisten. Es ging um gemeinsame Rahmenbedingungen, innerhalb derer keine der Populationen mit ihren verschiedenen Kulturen und Mentalitäten mehr Vorteile für sich gegen andere durchsetzen kann, ohne sich selbst zu schaden. Dies sollte zu Solidarität zwingen und diese auf Dauer gewährleisten. Das war und bleibt eine Idee, die zunächst nicht von Kapitallogik und Verwertungsinteressen abgeleitet ist. Aber die Europäische Union war auch nie bloß ein luftiges utopisches Projekt, denn es war ebenso von Anfang an in der ökonomischen Realität geerdet. Das ist ihr Vernunftgrund. Die Linken wissen seit Marx, dass die Ökonomie die Basis ist, und die Rechten sagen streng antimarxistisch dasselbe: »It's the economy, stupid!« Ach, wenn nur in allen Fragen eine solche Einigkeit bestünde! Das Problem der EU ist also nicht, dass sie in ihrer Basis ein Wirtschaftsprojekt ist – denn es gibt keine andere Basis, und es gibt keine andere Ökonomie, als die, die Menschen für sich beschließen, und die Produktivkräfte werden dafür sorgen, dass sich vieles ändert, worüber noch Einigkeit zu bestehen scheint. Das Problem ist vielmehr, dass die Idee, die dieser Wirtschaftsgemeinschaft zu Grunde liegt, und die das Zukunftsbild, das Ziel, das künftige Selbstverständnis dieser Gemeinschaft sein sollte, in Vergessenheit geraten ist und von einem Nationalismus verdrängt wird, der durch die Konstruktion der europäischen Union – nämlich durch den Rat, diese Blockade zwischen Europäischer Kommission und Europäischem Parlament – sogar noch befördert wird.

Ich komme ins Gedränge. Es gäbe so viel zu sagen. Ich habe jetzt noch zwei Minuten, um einen Vorschlag zu machen, wie diese Aporie aufzubrechen wäre, dass die Europäische Union institutionell eine nachnationale Entwicklung vorantreiben soll, dabei aber *nolens volens* Nationalismen mitproduziert, die das Projekt immer mehr gefährden.

Ich habe jetzt in der verbleibenden Zeit keine Chance. Ich mache Ihnen, notwendig verkürzt, einen Vorschlag, ohne ihn ausführlich verteidigen zu können. Sie werden ihn als absurd zurückweisen, und Sie werden sich in Ihrer Rolle als Pragmatiker und Realisten wohlfühlen, und ich werde einmal sagen können, dass ich es gesagt habe. So ist uns beiden gedient, Ihnen heute, mir morgen!

Das Problem ist eindeutig das Modell der nationalen Demokratie. Irgendwann, hoffentlich bald, wird es einen neuen Jean Monnet geben müssen, der die Kühnheit und die Konsequenz hat, diese Utopie voranzutreiben und durchzusetzen: ihre Abschaffung! Die Demokratie, wie wir sie kennen, und die wir mehr schlecht als recht eingeübt haben, und die wir zumindest hier in Deutschland, und in Österreich, nicht einmal erkämpft haben, sondern die uns geschenkt wurde, diese Demokratie ist ein Modell des 19. Jahrhunderts zur Organisation von Nationalstaaten. Auch wenn Sie es sich heute nicht vorstellen können, aber wir werden im 21. Jahrhundert das 19. Jahrhundert endlich überwinden müssen – oder wir werden in das 19. Jahrhundert politisch zurückfallen, allerdings am Stand der Produktivkräfte des 21. Jahrhunderts, und das wäre gemeingefährlich!

Es kann auf Dauer kein supranationales Europa auf der Basis nationaler Demokratien geben. Wir müssen Demokratie neu erfinden, wir müssen eine supranationale Demokratie entwickeln. Noch glauben wir, dass das nicht notwendig ist, weil wir ja »unsere Demokratie« haben – und wir haben nicht gelernt, so wie die Gründerväter Europas in Epochenbrüchen oder über Epochen hinaus zu denken.

Noch eine Minute. Ich habe eine Frohbotschaft für Sie! Im Grunde ist die Lösung schon im Europäischen Verfassungsvertrag festgeschrieben: in der Formulierung »Europa der Regionen«. Die Regionen sind der Reichtum dieses Kontinents, die Nationen aber sind historisch erschöpfte Identitätsfantasien und die notwendig zu überwindende Bedrohung.

Europa braucht eine europäische, nicht national beschickte Regierung und eine kompetente Verwaltung, das ist die Kommission. Europa braucht ein Parlament, für das Wahlmodus und Kompetenzen neu diskutiert werden müssen, um einen wirklich europäischen, demokratisch legitimierten Gesetzgeber daraus zu machen, der auch die Kommissare wählt. Aber was schnellstmöglich abgeschafft werden muss, ist der Rat, diese Verteidigungsburg des Nationalismus im Inneren des Gefüges des nachnationalen Europas. Utopisch? Ich wollte Ihnen in Erinnerung rufen, dass das Projekt von Anbeginn eine konkrete Utopie war. Und wenn diese Utopie in Trümmern liegt, wird bald auch die Realität in Trümmern liegen, und Sie werden sich dann vor den vor Ihren Augen rauchenden Trümmern schwertun mit dem historischen Betroffenheitssatz: »Dies soll nie wieder geschehen dürfen!« Denn dann wird er Höllengelächter auslösen.

Die konsequente Fortsetzung des Europäischen Projekts, also des demokratischen Friedens- und Wohlstandsprojekts, kann nur in einer politischen Aufwertung der Regionen bestehen, und in einem Zurückdrängen der nationalen Repräsentation, und perspektivisch in einer Abschaffung des Europäischen Rats, dieses Statthalters des Nationalismus in der Union. Die Nationen haben bereits weitgehend Souveränitätsrechte an die Union abgetreten, die Nationen werden absterben – welchen Sinn soll in dieser nachnationalen Entwicklung die Institution des Rats in dem Gefüge der Union haben? Wäre es nicht vernünftiger, gleich zu stoßen, was logisch irgendwann fallen wird?

Sie müssen sich entscheiden: Wollen Sie eintreten für ein demokratisches Europa von frei assoziierten Regionen mit gemeinsamen Rahmenbedingungen, die Rechtssicherheit, Freiheit und sozialen Ausgleich garantieren, oder wollen Sie nur in Sonntagsreden »Europaeuropaeuropa« sagen und Ihr persönliches Heil in der nationalen Politik suchen? Fühlen Sie sich wirklich groß und stark und wohl in einem Selbstgefühl, das sich dem in nationalen Medien und von nationalen Politikern getrommelten unreflektierten Unsinn verdankt, dass Sie so tüchtig, »die Griechen« aber »faul und korrupt« sind? Sind Sie nicht erschrocken, wie schnell und wie leicht in Deutschland solche gemeingefährlichen nationalistischen Stereotypen wieder hergestellt werden konnten, denen sehr leicht Taten folgen können, für die Deutschland schon einmal schwer und hoffentlich schwer genug bestraft worden ist? Was also wollen Sie?

Sie werden sich bald entscheiden müssen!

Das waren jetzt zehn Minuten. Neun acht sieben sechs fünf vier drei zwei eins null.

Nun läuft Ihr Countdown, meine Damen und Herren!

FAQ Europe

Sehr geehrte Damen und Herren!

Kennen Sie diese Fabel: Ein kleiner Vogel – vielleicht ein Spatz? Sie wissen, das sind die, die so manches von den Dächern pfeifen! – lag rücklings auf einer Wiese und streckte seine kleinen Beinchen in die Höhe. Schwarze Wolken hingen bedrohlich tief, ein starker Wind ging. Kam ein streunender Kater vorbei, kam immer näher, wunderte sich, dass der Vogel nicht davonflog. Er fragte: »Warum liegst du Vogel, ein Tier der Lüfte, da so reglos auf dem Boden und streckst deine Beinchen in die Höhe?«

Sagte der Vogel: »Du gehst deinen Geschäften nach und merkst es vielleicht nicht, aber der Himmel droht auf die Erde zu stürzen!«

Der Kater war amüsiert von der Fantasie des Vogels, aber ernst nehmen konnte er ihn natürlich nicht: »Und du glaubst, wenn du deine Füßchen in die Höhe stemmst, kannst du den Himmel aufhalten?«

»Das ist natürlich fragwürdig«, sagte der Vogel, »aber ist nicht alles fragwürdig? Und irgendetwas muss ich ja tun!«

»Wenn wir dich nicht hätten«, sagte der Kater ironisch.

Hat er den Vogel gefressen? Oder hat er ihn verschont, in Anerkennung dafür, dass jedes Biotop solche Fantasten braucht? Sie schaden nicht, sorgen für Heiterkeit, und später kann man ihre Geschichten vielleicht ganz gut in Sonntagsreden einbauen. Jedenfalls suchte er dann eilig sicheren Unterschlupf. Wie gesagt, tief hingen die schwarzen Wolken. Die Suche nach dem Unterschlupf gestaltete sich nicht so einfach. Zuerst fand er einen Fuchsbau. Da musste er Haare lassen. Dann ein bequemes Erdloch – aber das war das Territorium der Stinktiere. Das zwang ihn dazu, seine Wasserscheu zu überwinden. Aber der Kater interessiert uns hier nicht weiter. Sondern die Fantasten. Und immer wieder die schwarzen Wolken. Aus welchem Jahr stammt folgendes Zitat:

»Der Tag wird kommen, an dem du, Frankreich, du, Italien, du, England, und du, Deutschland, all ihr Völker dieses Erdteils, zu einer höheren Einheit verschmelzen werdet, ohne eure verschiedenen Vorzüge und eure ruhmreiche Einzigartigkeit einzubüßen, und ihr werdet eine europäische Bruderschaft bilden, genauso wie die Normandie, die Bretagne, Burgund, Lothringen und das Elsaß, all unsere Provinzen, in Frankreich aufgegangen sind.«

Als Victor Hugo im Jahr 1850 diese Utopie veröffentlichte, wurde er von seinen Zeitgenossen als Narr und Fantast angesehen. Ein Europa ohne Nationen! Das Hohngelächter war gewaltig. Zwanzig Jahre später kam es zum Deutsch-Französischen Krieg. Der war dann nicht mehr so lustig. Heute aber beschreibt diese Idee unsere Realität, den historischen Prozess, in dem wir uns seit über sechzig Jahren wirklich befinden.

Von wem stammt folgendes Zitat:

»Niemals war die Absonderung von Staat zu Staat größer in Europa als heute: Mit Verordnungen, wirtschaftlichen Maßnahmen, mit Autarkie sperrt sich ein Staat gegen den anderen in gewaltsamen Isolationen ab. Aber während sie sich abschließen, ist ihnen doch allen bewusst, dass europäische Wirtschaft und europäische Politik ein gemeinsames Schicksal sind, dass einer gemeinsamen Weltkrise kein Land sich durch eine Absperrung entziehen kann … Brust an Brust in einem entscheidenden Ringkampf stehen jetzt die beiden Anschauungen, Nationalismus und Übernationalismus, gegeneinander, es gibt kein Zurückweichen mehr vor dem Problem, und die allernächste Zeit muss schon offenbar machen, ob die Staaten Europas auf

*ihrer gegenwärtigen wirtschaftlichen und politischen Befein-
dung beharren oder diesen kraftverschwendenden Konflikt
durch eine völlige Vereinigung, durch eine überstaatliche Organisation endgültig lösen wollen. ... Wird Europa seine Selbst-
zerstörung fortsetzen, oder wird es eins werden?«*

Das schrieb Stefan Zweig 1932. Geschehen ist bekanntlich
beides. Die fortgesetzte Zerstörung, bis zur totalen Verwüs-
tung dieses Kontinents und den größten Menschheitsverbrechen, dann endlich der Einigungsprozess.

Ich könnte von Novalis herauf noch dutzende solcher Zi-
tate anführen, die zeigen, dass die Dichter weiter gedacht haben als die politischen Pragmatiker. Beweise dafür, dass das,
was zeitgeistig als verrückt – oder höflicher formuliert: als
utopisch – galt, einer nachhaltigen Vernunft gehorchte, während die Pragmatiker jedes Mal ganz pragmatisch mit der jeweiligen Welt untergingen, über die sie nicht hinaus denken
konnten.

Der europäische Einigungsprozess hat, seitdem er Realgeschichte wurde, bereits sehr weit getragen. Und dennoch:
Wieder sehen wir schwarze, tief hängende Wolken, als wollte
der Himmel, zumindest der schöne Baldachin der europäischen Idee, auf uns herabstürzen. Ein starker Gegenwind
kommt auf.

Und plötzlich erscheint alles oder sehr vieles von dem, was
wir als vernünftige Konsequenzen angesehen haben, die aus
historischen Katastrophen gezogen worden sind, wieder als
fragwürdig.

Ich muss die Symptome der Krise hier nicht aufzählen. Die
Krise ist bekannt. Aber sie ist noch nicht erkannt. Deshalb
möchte ich im Folgenden keine Rede halten, die noch einmal
beschwört, was in Frage steht, ich möchte vielmehr genau
diese Herausforderung annehmen: mich in fragwürdiger Zeit
den Fragen der EU-Skeptiker zu stellen, die Menschen wie

mich für einen schrägen Vogel halten, und eine Antwort zu geben.

Ich habe nach zahllosen Interviews und Diskussionen eine Liste von »häufig gestellten Fragen« angelegt. Ich will nun versuchen, mich mit diesen Fragen auseinanderzusetzen, so, dass sich im Gesamten eine Rekonstruktion der alten, aber immer noch schlüssigen Antwort auf die eine große Frage ergibt: Wozu Europa?

Hier nun die häufig gestellten Fragen.

Die Eurokrise führte zu einer Existenzkrise der gesamten Europäischen Union. Warum zweifeln die Menschen nach langer Erfolgsgeschichte und vielen Errungenschaften, die heute selbstverständlicher Bestandteil ihres Lebens geworden sind, heute stärker denn je an der europäischen Integration?

Sie halten die Erfolge, soweit sie sie ökonomisch und sozial spüren, für das Ergebnis ihrer eigenen Leistung, ihres Fleißes und ihrer Vernunft. Und die Krise sehen sie als Produkt des Versagens anderer, des Versagens von »Brüssel« oder »der Griechen« oder von wem auch immer. Das ist zutiefst menschlich: Geht es mir einigermaßen gut, dann denke ich nicht, dass ich gute Rahmenbedingungen hatte, sondern: dass ich fleißig war, ich habe es gut gemacht. Geht es aber plötzlich weniger gut, dann allerdings sind die Rahmenbedingungen schlecht, dann stimmt etwas nicht im Großen und Ganzen, dann muss es Schuldige geben irgendwo anders. Friede und Wohlstand fördern das Ich-Gefühl, Krisen befördern kollektive Wut, ein Wir-Gefühl gegen andere. Das ist die Stunde des Nationalismus, der perfidesten Form jener Wir-gegen-andere-Gefühle. Die Renationalisierung, die wir in der gegenwärtigen EU-Krise als Opposition erleben, ist auch deshalb logisch, weil die EU ja ein dezidiert nachnationales Projekt ist. Aber dass die wachsende Sehnsucht nach nationaler Souveränität logisch und menschlich verständlich ist, bedeutet natürlich nicht, dass sie vernünftig ist.

Ist die Flucht zurück in den Nationalstaat, in das Kleine und Überschaubare, nicht auch ein natürlicher Reflex, wenn das Große für den Einzelnen nicht mehr nachvollziehbar und durchschaubar ist?

Die Welt, das Große und Ganze, war für den Einzelnen doch nie durchschaubar, nicht einmal im Neolithikum. Deswegen bastelt sich ja jeder ein Weltbild, in dem er sich auskennt und nach Hause findet. Der Nationalismus ist so ein primitiver Navigator: Man taumelt durch das Leben, eine martialische Stimme sagt: »Bitte wenden und dann rechts abbiegen!« – und man denkt, endlich kenne ich mich aus. Tatsächlich ist »Nation« genauso komplex und schwer durchschaubar wie jedes andere Modell der gesellschaftlichen und politischen Organisation von Menschen. Der Unterschied ist nur, dass wir die historische Erfahrung haben und beherzigen müssten, dass die Nation kriminelle Energie produziert, weil sie Gemeinschaft nicht ohne innere und äußere Feinde oder Konkurrenten herstellen kann. Das Europäische Projekt war die Konsequenz, die aus dieser Erfahrung gezogen wurde. Die Sehnsucht nach Rückkehr in wieder souveräne Nationalstaaten ist daher kein natürlicher, sondern ein geistloser und geschichtsvergessener Reflex. Nun ist aber Geist, beziehungsweise Bewusstsein, Bestandteil der menschlichen Natur. Zumindest als Anspruch …

Führt die Zustimmung zu Nation wirklich automatisch zu Nationalismus? Können wir die Nation und alles, was daran anknüpft, tatsächlich nur mit Blick auf die Irrwege und verheerenden Kriege des 19. und 20. Jahrhunderts sehen?

Natürlich können wir es auch anders sehen. Das tun ja genug Menschen. Es spricht nichts dagegen – außer eben unsere historischen Erfahrungen. Kann es einen Schweinsbraten ohne Schwein geben? Egal, wie artgerecht Sie ein Schwein halten, am Ende ist es ein Schweinsbraten, je artgerechter, umso mehr! So glücklich und friedlich kann eine Nation nicht sein, ohne dass irgendwann der Nationalismus auf dem Tisch ist. Vor allem in Zeiten ökonomischer Krisen entwickeln Nationen aggressive Dynamiken. Sie kündigen Bündnisse auf, revidieren internationale Verträge oder setzen sie außer Kraft – wir sehen das heute besonders deutlich in der Politik von Großbritannien. Wir sehen das auch in den geistlosen Ressentiments, die es heute in Deutschland gegenüber »den Griechen« gibt, und umgekehrt. Und am Ende der Dynamik, wenn so genannte »nationale Interessen« nicht mehr politisch verteidigt werden können, versucht man, sie mit Gewalt durchzusetzen. Die historische Erfahrung ist, dass dies nie nachhaltig glückt, aber auf jeden Fall größtes Elend produziert, die Vernichtung von Leben, Infrastruktur und Produktionsmittel. Und in der heutigen, zunehmend vernetzten und verschränkten globalen Situation ist die Vorstellung, dass eine Nation die Mehrheitsinteressen ihrer Population gegen andere durchsetzen und als so aggressive wie solipsistische Monade ihr »Glück« finden kann, völlig absurd. Unter den gegebenen Bedingungen, in denen wir uns organisieren und unser Leben machen müssen, geschieht alles transnational: die Wertschöpfung, die Finanzströme, die Ökologie, die Kommunikation, die Kultur. Was soll da der Nationalstaat noch machen? Diese Bewegungen durchwinken? Auch wenn bei »Schönwetter« der Nationalismus heiter als Patriotismus oder als Heimatliebe erscheint, Nationalismus ist im Licht der Geschichte nicht mehr unschuldig und wird es nie mehr sein. Er ist politischer Missbrauch von Heimatliebe.

Welches Ideal von Europa hatten die Gründerväter der EU,
Jean Monnet oder Robert Schuman, vor Augen? Was war ihre
Vision? Es ging doch vor allem um Frieden.

Das ist richtig, aber in dieser Formulierung nur die halbe
Wahrheit. Monnet hat geschrieben, dass Friedensverträge zwischen Nationen das Papier nicht wert sind, auf dem sie besiegelt werden. Er hatte, so wie die Gründergeneration des
Europäischen Projekts, in einer Lebenszeit vier Kriege erlebt,
alle vier waren nationale Einigungs- und Eroberungskriege.
Allen Kriegen sind Friedensverträge vorangegangen. Sein Anspruch war also, wirklichen, nachhaltigen Frieden dadurch zu
schaffen, dass der Grund für die Konflikte und Kriege überwunden wird: der Nationalismus, und am Ende die Nation als
politische Realität und als Idee – also die Nation, die ihre Interessen, genauer gesagt, die Interessen ihrer Eliten, gegen alle
anderen verteidigt. Das ist eine kühne, faszinierende, radikal
aufgeklärte Idee, und man muss sie immer mitdenken, wenn
wir über die EU diskutieren, statt immer nur »Friedensprojekt« zu sagen. Denn bei »Friedensprojekt« denkt keiner mehr
an den Anspruch der Überwindung der Nationalstaaten.

Hat diese Idee weit genug getragen? Ist sie nicht zu utopisch?
Kann es nicht sein, dass wir an einem Punkt angelangt sind,
der zeigt, dass sie doch nicht funktioniert?

Halten wir einmal fest: nicht weit genug. Das stimmt. Das ist
eben so mit historischen Prozessen. Ein Prozess ist nie eine
Abfolge von Momenten, die in sich schon perfekt und glücklich sind. Die nachnationale Entwicklung ist in Europa so weit
fortgeschritten, und die Ökonomien der Mitgliedstaaten so
weit verschränkt und voneinander abhängig, dass kein Nationalstaat mehr ein Problem alleine lösen kann. Und wer es doch

versucht, seine Interessen alleine, gegen andere, durchzusetzen, schadet sich selbst. Das ist gut. Das ist die Idee. Das ist Einschulung in Solidarität. Zugleich aber ist die Entwicklung noch nicht so weit fortgeschritten, dass auftretende größere Probleme wirklich gemeinschaftlich gelöst werden können. Dieses Nicht-mehr-Noch-nicht, in dem wir stecken, ist es, was wir heute die Krise nennen. Die Krise ist nicht eine Finanz- und Währungskrise, sondern eine politische Krise. Nationale Interessen einzelner Mitgliedstaaten der EU haben verhindert, dass mit der gemeinsamen Währung, die ein großer Integrationsschritt war, auch die politischen Instrumentarien mitbeschlossen werden, die dazu erforderlich wären: eine gemeinsame Finanz-, Fiskal- und Wirtschaftspolitik. Auf so viel Souveränität wollten dann einzelne Nationalstaaten doch nicht verzichten. Jetzt lernen sie sehr schmerzhaft, dass sie sich durch diese Verteidigung ihrer Souveränität ganz souverän schweren Schaden zugefügt haben. Und jetzt gibt es plötzlich Beschlüsse, die weit über das hinausgehen, was vor drei Jahren für pragmatisch maximal möglich galt. Und dabei wird es nicht bleiben. Man kann es also auch so sehen: Die Krise ist keine Bedrohung für Europa, die Krise bringt das Europäische Projekt weiter.

Warum sagen diejenigen, die »mehr Europa« fordern, um die Krise zu bewältigen, nie dazu, was sie konkret unter »mehr Europa« verstehen?

»Mehr Europa« ist ebenso sehr eine Floskel wie tatsächlich eine Notwendigkeit. Als Floskel bedeutet diese Forderung das Gegenteil des Notwendigen, und das Gegenteil der europäischen Idee: nämlich mehr Kompetenzen für den Europäischen Rat. Im Europäischen Rat aber verteidigen die Staats- und Regierungschefs so genannte nationale Interessen. Die

Interessen der Stärksten werden buchstäblich schlagend für die kleineren. Das befördert nicht die nachnationale Entwicklung, sondern beschädigt sie. Die politischen Eliten in Europa haben aus zwei Gründen Schwierigkeiten damit, konkret zu sagen, was »mehr Europa« bedeutet: Entweder, weil sie vergessen haben, was die Idee des Europäischen Projekts ist. Oder weil es an ein Tabu rührt: die nationale Demokratie. Da sie aber nur national gewählt werden, können sie diese nicht in Frage stellen. »Mehr Europa« als Notwendigkeit und als Parameter, an dem man europapolitische Entscheidungen messen kann, müsste sich aber offensiv dieser Frage stellen: Wie kann ein demokratisches Europa, das heißt, wie kann eine nachnationale Demokratie aussehen? Das ist die Diskussion der Zukunft. Und man wird dabei alles in Frage stellen müssen: Jeder nickt, wenn er hört »Wettbewerbsfähigkeit in der globalisierten Welt«! Ich finde, man kann statt zu nicken auch einmal den Kopf schütteln – und nachdenken. Der europäische Binnenmarkt ist so groß – muss da wirklich die Exportwirtschaft das Maß aller Dinge sein? Der gesellschaftlich produzierte Reichtum ist heute so groß – sollten wir nicht innehalten und über Verteilungsgerechtigkeit nachdenken, statt über noch mehr Wachstum? Und ist Wachstum wirklich Wachstum, wenn es mit Schulden erkauft wird?

Endet die Überwindung des Nationalstaates zwangsläufig in den Vereinigten Staaten Europas? Oder muss man letztlich nicht auch ein solches Gebilde im Weltmaßstab mit den USA, mit China oder Brasilien in Frage stellen? Entsteht damit nicht nur ein weiterer Super-Nationalstaat?

Ein Super-Nationalstaat war nie die Idee. Vereinigte Staaten von Europa nach dem Vorbild der USA – das ist als Perspektive völlig retro. Die USA sind das alte europäische Projekt.

Was haben die europäischen Einwanderer in der Neuen Welt gemacht? Klassisch alteuropäisch: Territorium gewaltsam erobert, es durch Bürgerkrieg geeint und dann eine Nation gebildet. Die EU ist das neue Projekt, in jedem Punkt das Gegenteil: Beitritt durch Freiwilligkeit, friedliche Harmonisierung durch Verträge und ökonomische Verflechtung, Auflösung der Nationen. Die USA waren Avantgarde im 19. Jahrhundert, die EU ist es im 21. Jahrhundert.

Haben wir nicht weltweit mit der Globalisierung Strukturen geschaffen, die wir aufgrund ihrer Komplexität nicht mehr beherrschen, sondern uns immer mehr in Krisen stürzen? Beginnt das nicht bei weltweiten Finanzkrisen und endet in der Ohnmacht der Politik gegenüber dem Klimawandel?

Die Globalisierung ist am Stand der Dinge vor allem ein Gerücht, eine Ausrede für lokalpolitisches Versagen, ein Popanz des geschichtsblinden Denkens. Wenn das durchschnittliche Wachstum des Welthandels ungebrochen so weitergeht wie in den letzten fünfzehn Jahren, dann werden wir im Jahr 2030 den Stand der Globalisierung des Jahres 1913 wieder erreicht haben. Wirtschaftshistoriker wissen das. Es gibt Bücher darüber. Das Problem ist, dass das Gedächtnis der Menschen keine Erinnerungen und Erfahrungen der Groß- und Urgroßeltern enthält. Das Problem ist nicht die so genannte Globalisierung, das Problem ist vielmehr, dass sie durch nationalistische Kriege und Faschismus 150 Jahre zurückgeworfen wurde.

Müssen wir nicht umgekehrt wieder verstärkt beginnen, in kleineren, überschaubareren Einheiten zu denken?

Das tun wir doch unausgesetzt. Wir definieren uns doch immer über die kleinen Strukturen, in denen wir leben. Die Region, in der wir aufgewachsen sind und sozialisiert wurden, definiert unsere Identität, und nicht die Fiktion der »Nation«. Wir müssen nur lernen, zwei Dinge mit zu bedenken: Erstens sind die Rahmenbedingungen wichtig, die ich vernünftigerweise in meiner Region haben will, die Chancen und den Rechtszustand an meinem Lebensort. Das ist doch im Interesse aller Menschen auf diesem Kontinent. Es kann doch nicht sein, dass ich in Hinblick auf meine Lebensgestaltung ganz andere Interessen habe, als die Menschen im Alentejo oder am Peloponnes. Ich glaube, darauf kann man sich ohne nationale Ressentiments einigen. Gerade unter der Voraussetzung der Reise- und Niederlassungsfreiheit auf diesem Kontinent muss doch jeder ein Interesse daran haben, dass überall dieselben Rahmenbedingungen herrschen, innerhalb derer sich die Interessen aller, das heißt jedes Einzelnen, frei entfalten können. Ich sage Rahmenbedingungen. Das schließt im Einzelnen regionale Unterschiede, die sich innerhalb dieser Rahmenbedingungen auf der Basis verschiedener Traditionen oder Mentalitäten oder anderer Bedingungen herausgebildet haben oder herausbilden, nicht aus. Die Vielfalt innerhalb gemeinsamer Rahmenbedingungen ist der Reichtum Europas, Unterschiede ohne gemeinsame Rahmenbedingungen aber machen aus Europa einen zerrissenen, und in Krisenzeiten aggressiven Kontinent, wie wir wissen.

Und zweitens: die EU ist perspektivisch das System, das ein Leben in überschaubaren Einheiten mit wirksamen Partizipationsmöglichkeiten garantiert: für alle Souveränität, die der Nationalstaat abgibt, bekommt die Region nach dem Subsidiaritätsprinzip viel mehr Rechte zurück.

Wie kann eine europäische Identität entstehen angesichts der großen kulturellen und sprachlichen Unterschiede in Europa? Muss die europäische Integration nicht daran scheitern, dass Europa keine gemeinsame Sprache hat? Die Hoffnung, der Euro könnte identitätsstiftend wirken, scheint ja gründlich verloren gegangen zu sein.

Zunächst einmal: Eine gemeinsame Sprache ist der Anspruch eines Nationalstaats, darum geht es in Europa nicht, weil es ja nicht um europäische Nationsbildung geht. Sprachliche und kulturelle Vielfalt sind der Reichtum dieses Kontinents, das produziert Identität am jeweiligen Lebensort. Europäische Identität ist nichts anderes als die Sicherheit, dass sich der Kontinent als ganzer nachhaltig darauf einigt: Gleichheit der Rahmenbedingungen, Menschenrechte, Rechtszustand, Friede, soziale Sicherheit und soziale Gerechtigkeit. Das sind die Pflöcke, die das europäische Projekt begrenzen, dazwischen bewege dich und mache als freier Mensch dein Leben! Der Euro war ein großer Schritt in der nachnationalen Entwicklung: die erste transnationale Währung in der Geschichte! Zum ersten Mal waren Staaten bereit, für ein Gemeinschaftsprojekt ihre nationale Währung aufzugeben. Dass der Euro nicht gut funktioniert, liegt daran, dass eine Reihe von nationalen Egoismen und Sonderinteressen verhindert haben, die transnationale Währung auch supranational politisch zu managen. Die Krise, die dadurch entstanden ist, beweist nicht, dass die Idee nicht funktioniert, diese Krise ist vielmehr ein weiterer Beweis dafür, dass es die Nationalstaaten sind, die Krisen produzieren.

Hat man nach dem Fall des Eisernen Vorhangs in der Euphorie die Osterweiterung der EU und die Einführung des Euro zu rasch und nicht gut genug vorbereitet durchgezogen?

Die sogenannte Osterweiterung hat nicht zu schnell, sondern zu langsam stattgefunden. Man hätte sofort Jugoslawien in die EU aufnehmen müssen, zum Beispiel. Ohne zu warten, bis dieses Land in Nationalstaaten zerbricht, um dann die neuen Nationen der Reihe nach in das nachnationale Projekt aufzunehmen. Man hätte sich einen Bürgerkrieg erspart, und man hätte die europäische Union um eine Gemeinschaft erweitert, die Erfahrung mit Supranationalität hat.

Muss Europa nicht viel langsamer und mit seinen Bürgern wachsen, statt ohne sie, als Projekt der Eliten?

»Die Bürger«, das ist so ein Abstraktum, das politisch nicht mehr handhabbar ist. Wer soll das sein? Die Nationalisten, wenn sie sich camouflieren, reden jetzt vom »Bürger«, so wie sie früher von »Volk« geredet haben, ein Betrug, demzufolge die Gattin eines Bankdirektors als Bestandteil des Volkskörpers gemeinsame Interessen mit einer Fabrikarbeiterin derselben Nation habe. Das Ergebnis war bekanntlich, dass Arbeiter auf die Arbeiter anderer Nationen geschossen haben und gemeinsam verreckt sind. Die Frage ist nicht langsam oder schnell, und auch nicht mit oder ohne Bürger. Im Normalfall beschließt doch kein Mensch, ein Projekt langsam umzusetzen, wenn er es auch schnell machen kann. Man macht es so schnell oder langsam, wie es die Bedingungen, die Kräfteverhältnisse, die Möglichkeiten erlauben. Das definiert dann die Geschwindigkeit. Ich bin der Meinung, dass die Fantasielosigkeit der gegenwärtigen politischen Eliten das größere Problem ist als die Tatsache, dass es wie zu allen Zeiten Eliten gibt, die die politischen Entscheidungen treffen. Kühne politische Eliten hatten ein Projekt auf die Schienen gesetzt – und es einer Generation vererbt, die weder die Geschichte kennt, noch eine Vorstellung von der Zukunft hat, auf die es hinauslaufen soll. Wer sich heute Europapolitiker nennt, tritt daher auf der Stelle – und das Blöde ist: Er tritt damit das Erreichte mit Füßen.

Ob nun die weitere Vergemeinschaftung langsamer oder schneller voranschreitet, zerstört sie nicht auf jeden Fall die historisch gewachsene Demokratie in Europa? Demokratie hat sich doch mit den souveränen Nationalstaaten herausgebildet, aber je mehr Souveränitätsrechte die Nationen an »Brüssel« übertragen, desto mehr Gestaltungsmöglichkeiten verlieren die nationalen Parlamente, sie werden gleichsam schrittweise entmachtet – während die Europäische Kommission, die das Gesetzesinitiativrecht in der EU hat, nur sehr zweifelhaft demokratisch legitimiert ist.

Erstens gibt es keine historisch gewachsene Demokratie in Europa. Das kann man so nicht generalisieren. In der Mehrzahl der europäischen Staaten wurde Demokratie nie erkämpft und konnte dann gar nicht »historisch wachsen«. Was wir heute unter »Demokratie« verstehen, wurde nach Kriegen von Siegermächten in den besiegten Ländern implantiert, oder nach der Implosion autoritärer Systeme als Mimikry von den alten politischen Eliten über die alten Strukturen gestülpt, und so weiter. Die europäischen Demokratien sind übersät mit den Muttermalen autoritärer oder feudaler Systeme. Zweitens: Selbst wenn die nationalen Demokratien in Europa mehrheitlich idealer wären oder geworden wären, als sie es schließlich waren – die nationale Demokratie ist in der Demokratiegeschichte nur eines von vielen Demokratiemodellen, die wir kennen. Eines, das einer bestimmten historischen Epoche entsprach, die nun eben zu Ende geht. Dieses Modell war die theoretisch beste politische Organisationsform zur Organisation politischer Partizipation der Menschen in einem Nationalstaat. Und mit der Überwindung des Nationalstaats geht eben auch dieses Modell unter. Das ist ein ganz normaler historischer Vorgang. Immer wieder sind in der Geschichte demokratische Organisationsformen untergegangen, wenn ihre Voraussetzungen untergegangen sind, so wie zum Beispiel die klassische antike Demokratie an ihr Ende kam, als die Sklavenhaltergesellschaft überwunden und von einer neuen Gesellschaftsformation abgelöst wurde. Kein Mensch will die antike Demokratie zurück, nur weil wir im humanistischen Gymnasium gelernt haben, dass sie so schön war – denn kein Mensch will die Sklavenhaltergesellschaft zurück. So können wir alle Epochen durchgehen, in denen demokratische Organisationsformen entwickelt wurden: immer je eigene Modelle, die schließlich wieder verschwunden sind. Das Problem ist nicht, dass die Demokratie, die wir einigermaßen eingeübt haben und die uns vertraut ist, heute erodiert. Das Problem ist vielmehr, dass wir noch keine Vorstellung davon entwickelt haben, wie das Modell konstruiert sein soll, das die nationalen Demokratien schließlich ablösen soll. In Europa entsteht etwas historisch völlig Neues: der erste nachnationale Kontinent. Das wird nur funktionieren, wenn wir auch ein neues Demokratiemodell entwickeln, das dieser historischen Entwicklung entspricht. Die größten demokratiepolitischen Defizite in der gegenwärtigen Konstruktion der EU wären rasch und einfach zu bereinigen: Es stimmt, dass die Europäische Kommission ein Legitimationsproblem hat. Das wäre bereits gelöst, würden die Kommissare vom Europäischen Parlament gewählt. Das erfordert aber auch, dass das Europäische Parlament alle Rechte erhält, die ein entwickelter Parlamentarismus erfordert. Natürlich auch das Herzstück des Parlamentarismus: das Hoheitsrecht über das Budget. Dazu müsste es der EU aber auch möglich sein, ein eigenes Budget zu generieren, statt von »Mitgliedsbeiträgen« der Nationalstaaten abhängig zu sein, deren Regierungen regelmäßig um Kürzungen ihrer Beiträge kämpfen, um sich gegenüber den Wählern in ihren Nationen als Verteidiger »nationaler Interessen« darzustellen, die möglichst wenig Steuergeld »nach Brüssel schicken« wollen, während sie gleichzeitig, wieder im Namen der »nationalen Interessen«, immer höhere Förderungen verlangen, die von Brüssel in die Nationalstaaten zurückfließen sollen. Dieser unproduktive Widerspruch schürt nur Aggressionen, er kann nur durch ein neues Demokratiemodell, das von der Gemeinschaftsidee ausgeht, und nicht von der Idee der Nation, aufgehoben werden. Was man hier auch deutlich sieht: Geht man bei der Demokratiediskussion von der demokratischen Legitimation der Kommission aus, dann kommt man zum Parlament, man kommt zu der Frage, welche Rechte ein Europäisches Parlament benötigt, und immer so weiter, man kommt von einem zum anderen, und in jedem Moment sehen wir die Widersprüche zur gewohnten nationalen Demokratie – während unsere Erfahrungen mit der gewohnten nationalen Demokratie es uns auch ermöglichen, eine nachnationale Demokratie nach und nach denken zu können.

Besteht nicht die Gefahr, dass mit dem Transfer nationaler parlamentarischer Rechte nach Brüssel ein zentralistischer Superstaat entsteht, der zu weit vom Bürger weg ist, den definitiv niemand will, und der in Unkenntnis von je lokalen Bedürfnissen und unflexibel gegenüber regionalen Besonderheiten »alles über einen Kamm schert«?

Das will in der Tat niemand, und es ist in der Dynamik der Entwicklung so auch nicht angelegt. Faktum ist, dass die nationalen Parlamente bereits rund achtzig Prozent ihrer Souveränitätsrechte an die supranationalen Institutionen abgegeben haben. In den verbliebenen zwanzig Prozent befinden sich noch dicke Brocken, wie eben zum Beispiel das Budgetrecht, die Fiskalpolitik und so weiter. Aber Faktum ist ebenso, dass durch die gegenwärtige Krise auch diese verbliebenen, schwerwiegenden nationalen Rechte durchlöchert, aufgeweicht und schließlich abgegeben werden. Der immer weitergehende Verlust der Gestaltungsmöglichkeiten der nationalen Parlamente führt aber zu einem Zuwachs an Bedeutung und Möglichkeiten für die regionalen Parlamente, für die Landtage. Die nationalen Parlamente werden sterben, die regionalen Parlamente an Bedeutung gewinnen. Der Vorwurf, EU führe zu Zentralismus, die Nation hingegen gewährleiste Subsidiarität, ist absurd. Die Mehrzahl der EU-Mitgliedstaaten, vor allem große wie Frankreich oder Polen, sind radikal zentralistisch organisiert, während die Kommission in all diesen Staaten konsequent Regionalförderung betreibt. Das Subsidiaritätsprinzip ist im Lissabon-Vertrag festgeschrieben. Es ist noch nicht definiert und ausjudiziert. Das heißt aber auch, dass zum Beispiel die Vision von Leopold Kohr, kleine und miteinander vernetzte demokratische Verwaltungseinheiten (ob wir sie jetzt »Länder«, »Regionen« oder anders nennen) noch nie in der Geschichte eine so große Chance hatten wie jetzt. Es ist die Aufgabe und die Chance der Landtage und Regionalparlamente, auf diesen Möglichkeiten zu bestehen und ihren Gestaltungsspielraum Schritt für Schritt auszuweiten. Die innere Dynamik der EU gibt den Abgeordneten der Regionalparlamente immer größere Bedeutung als den Abgeordneten des Nationalrats. Wenn den Abgeordneten der Landtage dies bewusst wird, hält die Wirklichkeit nicht stand. Dann kann dieser kühne Traum Wirklichkeit werden: Europa als erster nachnationaler Kontinent der Weltgeschichte, friedlich organisiert in freier Assoziation selbstbestimmter Regionen, innerhalb gemeinsamer, von den Menschenrechten abgeleiteter

Rahmenbedingungen, die von den supranationalen Institutionen in Brüssel entwickelt und gehütet werden.

Und wenn eingewendet wird, dies sei idealistisch, dann muss man darauf antworten: Immer wieder waren Ideale der Antrieb für die größten Fortschritte der Entfaltung von Freiheit in der Geschichte. Wer diesen Idealismus aber als völlig irreal abtut, der muss erklären, warum sein Pragmatismus gegenwärtig so viele reale Werte zerstört.

Letzte Frage: Was geschah eigentlich mit dem Spatz, von dem ich eingangs erzählt habe? Nun, der Kater ist irgendwann später wieder zu der Wiese gestreunt, wo er die Begegnung mit dem kleinen Vogel gehabt hatte, der auf dem Rücken lag und die Beinchen in die Höhe streckte. Er wollte wissen, ob er immer noch da lag, was er jetzt machte, ob er wieder irgend so eine schrullige Idee hatte. Aber der Kater fand ihn nicht mehr. Die Wolken hatten sich verzogen, hoch wölbte sich ein strahlender Himmel über der saftigen Wiese. Vielleicht ist das gar kein Vogel gewesen, sondern der Engel der Geschichte, den der Sturm, der doch hier geweht hatte, längst schon weitergetragen hat. Und die Wiese war voll von Leben, alles blinzelte glücklich in die Sonne. Und da – der Kater traute seinen Augen nicht – lag da nicht ein Lamm friedlich an der Seite eines Wolfs?

Aber jetzt hebe ich ab – und lasse es besser damit bewenden! Vorläufig.

Textnachweise

Von der Schwierigkeit und der Notwendigkeit, aus der Geschichte eine Idee zu machen. Rede beim Kulturfest Emsiana, Hohenems, 8. Mai 2014.

Wohin der Wind den Schleier trägt. Rede beim Festakt zum Niederösterreichischen Landesfeiertag, St. Pölten, 15. November 2011.

Anerkennung und Haltung. Dankesrede zum Heinrich-Mann-Preis der Deutschen Akademie der Künste, Berlin, 27. März 2013.

Neue Welt, alter Stier. Dankesrede zum Preis »Das Politische Buch« der Friedrich-Ebert-Stiftung, Berlin, 14. Mai 2013.

Es gibt nichts Schöneres. Dankesrede zum Donauland-Sachbuchpreis der Bertelsmann-Stiftung, Wien, 12. Dezember 2012.

Heimat ist die schönste Utopie. Rede vor den Abgeordneten des Niederösterreichischen Landesparlaments, Landhaus St. Pölten, 19. Oktober 2012.

Die Heimat als Schweiz. Dankesrede zum Max-Frisch-Preis der Stadt Zürich, Zürich, 11. Mai 2014.

Das Einzigartige und unser Eigentum. Festrede anlässlich der Verleihung der Kunstpreise der Republik Österreich, Wien, 29. Januar 2013.

Bildung von Demokratie. Rede beim European Forum Alpbach, 31. August 2012.

Zukunftsmusik. Eröffnungsrede beim M100 Sanssouci Colloquium, Potsdam, 5. September 2013.

Die Welt von morgen. Auswege aus der Krise. Rede zum Neujahrsempfang der Mercator Stiftung, Essen, 16. Januar 2014.

Europa Countdown. Rede beim Europa-Forum Wachau, Stift Göttweig, 21. Mai 2011.

FAQ Europe. Eröffnungsrede der Berliner Stiftungswoche, Berlin, 4. Juni 2013.